新興大国インドの行動原理

独自リアリズム外交のゆくえ

伊藤 融
Ito Toru

慶應義塾大学出版会

目次

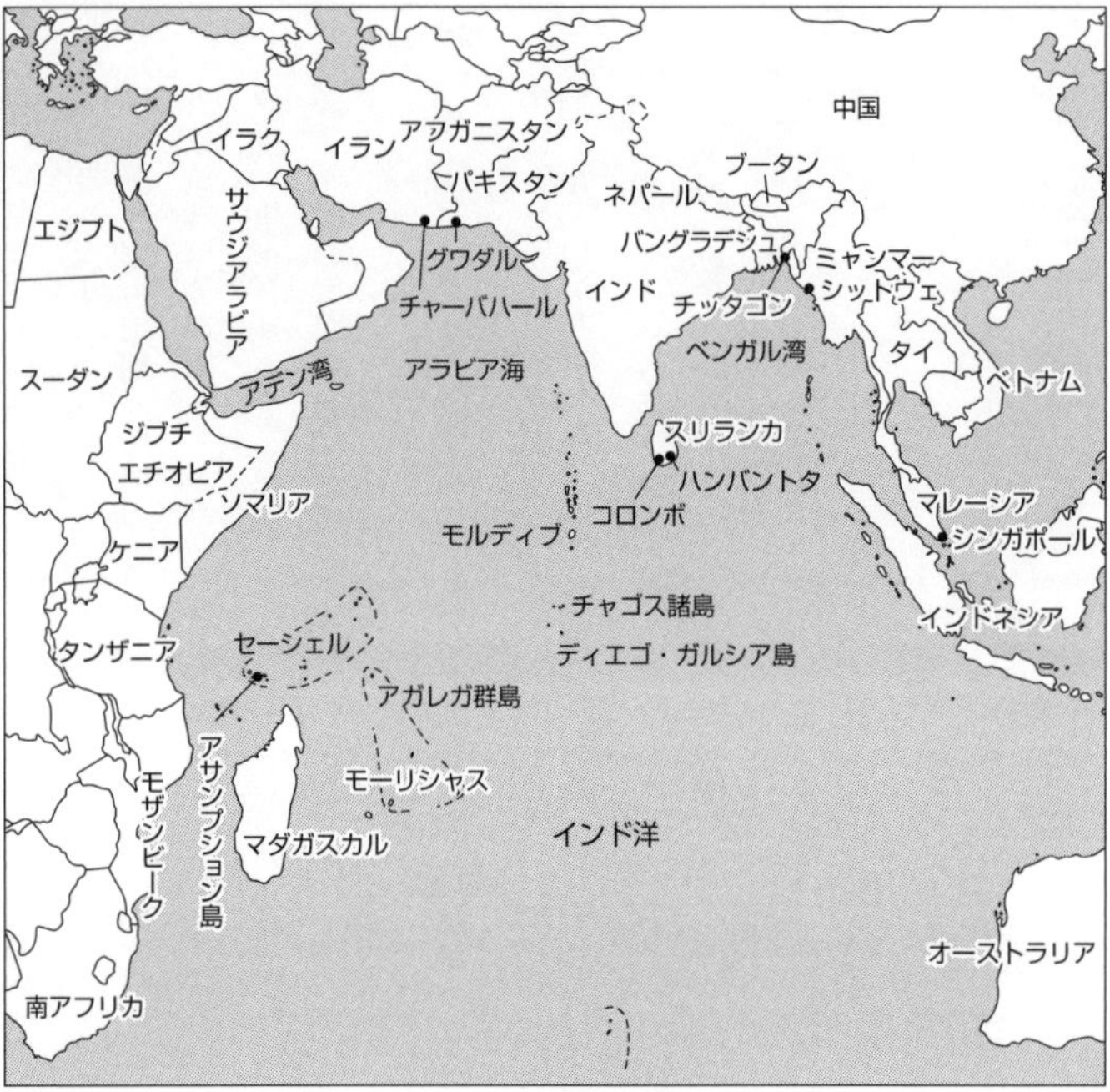
中国
イラク
イラン
アフガニスタン
ブータン
パキスタン
ネパール
エジプト
サウジアラビア
グワダル
バングラデシュ
ミャンマー
インド
チャーバハール
チッタゴン
シットウェ
スーダン
アデン湾
アラビア海
ベンガル湾
タイ
ベトナム
ジブチ
スリランカ
エチオピア
ハンバントタ
ソマリア
コロンボ
マレーシア
モルディブ
シンガポール
ケニア
チャゴス諸島
インドネシア
タンザニア
セーシェル
ディエゴ・ガルシア島
アガレガ群島
アサンプション島
モザンビーク
モーリシャス
マダガスカル
インド洋
オーストラリア
南アフリカ

インドと周辺図

はじめに――「理解できない国」としてのインド

冷戦期を知るひとならば、「インドという国の国際社会におけるプレゼンスはかつてとは比べものにならないほど高まった」、という主張に異論を唱えることはあるまい。国際通貨基金（ＩＭＦ）のデータにもとづくと、一九八〇年のインドの国内総生産（ＧＤＰ）は一八九四億ドルで、世界経済に占める割合は一・七パーセントにとどまっていた。ところがそれから四〇年近くたった二〇一八年のＧＤＰは二兆七一八七億ドルに達し、その割合も三・二パーセントにまで上昇した。いまやイギリス、フランスと肩を並べる経済力を誇る。当然ながら、世界のほとんどの国にとって、この新興大国との関係の重要性は、政治、経済、軍事のあらゆる領域で以前より増している。

インドへの渡航者数の変化をみてみよう。インド政府観光省の統計によれば、一九八〇年には八〇万人にすぎなかった外国人入国者数は、二〇〇〇年に二六五万人、そして二〇一八年には一〇五六万人に達した。急増する渡航需要に応えるため、首都デリーの玄関口、インディラ・ガンディー国際空港も大きな変貌を遂げた。思い起こせば、筆者が初めてインドを訪れた一九九二年、国際線ターミナル（ターミナル2）には搭乗口も免税店も数えるほどしかなく、中国に次ぐ人口大国の首都の空港とはとても呼べない代物であった。しかも空港を一歩出れば、牛が道をふさいでいた。しかし二〇一〇年には、七八もの搭乗口を備えた巨大な国際線ターミナル（ターミナル3）が開業した。多くの乗降客の移動を支えるため、都心部への地下鉄も整備された。いまや世界中から多くのひとびとが、仕事や観光で日々インドに押し寄せている。

日本も例外ではない。インドを訪問した日本人は一九八〇年の三万人から、二〇一八年には二三万六〇〇〇人にまで激増した。かつては日本航空とエア・インディアが週数便ずつ往復するにすぎなかったが、いまや全日空も含めて毎日の就航となり、路線もムンバイやチェンナイ、ベンガルールなどの主要都市に拡大している。在留邦人数も一九八〇年の八三八人から二〇一八年には九八三八人にまで増えた（外務省「海外在留邦人数調査統計」）。二〇一八年時点でインドに進出した日系企業は一四四一社、五一〇二拠点を数える。中国や東南アジアに比べればまだまだ少ないとはいえ、日本人にとってもインドはかつてよりも身近な存在になりつつある。

民間以上に政府間関係の変化は如実である。一九八〇年代から九〇年代の二〇年間で、日本の首相のインド訪問はわずか二回にすぎなかった。しかしいまや、日印双方の首相が毎年交互に訪問する関係が構築されている。首相だけではない。外務・防衛閣僚協議（2プラス2）をはじめとして、主要閣僚や政府高官も毎年のように往来する。アメリカとインドでつづけられてきたマラバール演習への海上自衛隊の参加など、共同演習を含む防衛交流も活発化した。もはや経済だけでなく、日本の外交・安全保障政策の柱の一つとしてインドが位置づけられていることは疑うべくもない。

注目すべきなのは、世界中の主要国・新興国が、同様に認識し、行動している点である。二〇一〇年後半のわずか半年のあいだに、国連安保理常任理事国五カ国の首脳が二国間会談のために立て続けにインドに足を運んだことは、象徴的な出来事であった(1)。日本やアメリカだけでなく、中国やロシアも、インドを「戦略的パートナー」と位置づけて、自国との関係強化を二国間、多国間の枠組みで競っている。

しかし、このようにインドがいまや無視しえないパワーであるとしても、はたしてわれわれはどの程度この国のことを知っているのだろうか。たしかに、インドは日本人にとっても、昔から魅力の多い国だった。インド哲学やインド史、人類学の講座は日本国内の少なからぬ大学に設置されている。しかし、社会科学分野、とりわけ政治学や国際政治学をディシプリンとする専任教員を、インドないし南アジアの「地域研究」担当者として採用している一般大学はみかけない(2)。中国や東南アジアに比べて、南アジアについての知識の蓄積が立ち遅れてきたのは明らかである。

そのあらわれともいえるのが、一九九八年五月にインドが行った核実験と核保有宣言に対する日本国内の受け止め方であった。「唯一の被爆国」として、また核不拡散政策を主張する立場として、インドの行為に憤りを示したのは当然である。しかしこのときに同時にみられたのは、「なぜインドが?」という、驚きと失望であった。

核実験が突きつけたのは、われわれが抱いていた「インド」像とのギャップであった。それまで多くの日本人にとっての「インド」は、仏教発祥の地であり、「非暴力」理念を掲げ、それを実践することで植民地支配からの独立を勝ち取った崇高な国であった。独立後も、東西の冷戦体制のいずれにも与することなく、「非同盟」を看板に、第三世界のリーダーとして平和外交を推進してきた。さらには、特定の国の核保有を正当化する核拡散防止条約（NPT）体制の欺瞞性を糾弾し、全面的な核軍縮・核廃絶を訴えてきた。まさに「インド」は、「反核・平和勢力」にとっては、尊敬すべきモデルにほかならなかった。だからこそ、核実験の衝撃は大きかった(3)。

このイメージギャップの要因は、大きく二つに分けられよう。最初の要因はきわめて単純なものであり、われわれがこれまでインドの動向についてあまりにも無知・無関心だった、という点にある。じつはわれわれの抱いていた「インド」像からの逸脱は、なにも一九九八年に突然はじまったわけではない。それまでにパキスタンとは三度も全面戦争を戦っているし、中国とも国境戦争を経験している。そして一九七四年には「平和的核爆発」と称した最初の核実験を行っている。にもかかわらず、まだ国際的影響力も小さく、地理的にも遠いこの国への関心は広がらなかった。その結果、日本人の「インド」に対する一般的な認識に大きな変化は起こらなかったのである。

もう一つの要因は、より根源的な、国際政治の視座をめぐる問題である。インドが変わってしまったのではなく、そもそもわれわれの抱いていた「インド」像が間違っていたのではないか、という問いである。なるほどインドにおいて「非暴力」や「非同盟」が掲げられたのは事実である。しかしそれは、国際政治学（国際関係論）で従来いわれてきた、「理想主義（idealism）」としてとらえてよいのだろうか。同様に、核実験・核保有、そしてインドに対抗して同じく核保有したパキスタンへの度重なる強硬姿勢は、「現実主義（realism）」にもとづいた行動なのか。そもそも西洋の国際政治学を無批判に適用しているがゆえに、変容したようにみえるだけではないのか。本書の問題意識はまさにこの点にある。

他方で、近年の国際政治情勢を踏まえて、台頭するインドとの戦略的関係強化を主張する論調のなかにも、過度に単純化され、都合のいい「インド」像が散見される。日本でいえば、大国化とともに自己主張の度を強める中国を念頭に、同じ民主主義という価値を共有するインドと手を組むべきだといった主張である［櫻井・国家基本問題研究所編 2012］。インドも、自らと価値観が異なり、国境問題や海洋進出をめぐって対立関係にある中国には警戒感を抱いているにちがいない。それゆえ、日本やアメリカ、またオーストラリアと「インド太平洋」において協調するはずだ、いや同盟関係構築すら可能かもしれない、といった議論である。

こうした楽観論は、ほどなくすると裏切られる。二〇一四年に就任したナレンドラ・モディ首相は、最初の域外訪問国として日本を選び、安倍晋三首相とのあいだで、日本との戦略的パートナーシップを「特別」なレベルに引き上げることに同意した。二〇一七年には日米豪との戦略対話を一〇年ぶりに再開させるなど、インドは「インド太平洋」を唱える国々との協調に大きく舵を切ったかにみえた。しかし、翌二〇一八年に入るとモディ首相は、中国の習近平国家主席、ロシアのプーチン大統領と相次いで「非公式首脳会談」を開いて連携をアピールした。さらには、「インド太平洋」は特定の国を対象にした同盟ではないという立場を国際舞台で明言した。こうした現実に直面するたびに日本では、インドはいったいなにを考えているのか、「理解できない国」だという認識が繰り返された。

インドが「普通の国」として振る舞おうとしない現状を嘆く声は、じつはインド人のなかからも聞かれる。とりわけ、国外で活躍するインド人研究者は辛辣だ。米国との同盟を明確に否定した二〇一二年のインドの戦略文書『非同盟２・０』［Khilnani, et al. 2012］を、在インド米国大使の特別補佐を務めた経験ももつテリスは、「新しい革袋に古いワインを入れる」行為だと厳しく批判した［Tellis 2012］。同様にアメリカで活躍する若手研究者のミラーは、世界的に影響力のある『フォーリン・アフェアーズ』誌に、インドは大国になることを志望しているというが、その割に明確な戦略もなく、グローバルな責任を引き受けようとしないと断じた［Miller 2013: 14-19］。イギリスとインド両国で活躍する国際政治学者パントも、インドの政策決定者たちは、大国としての地位にはどんな役割が伴うものなのか認識できていないなどと、手厳しい［Pant 2016: 2］。共通するのは、主要国の強い期待に応えようとせず、せっかくのチャンスをインド自身が逃しているのではないか、というもどかしさである。

今日のインドが「世界大国化」を図っている［堀本 2009: 24-31］としても、そこには本当の意味での「大戦略」はなく、目的も不明確なまま軍備調達を拡大し［Cohen and Dasgupta 2010］、場当たり的な外交に終始している［Pant 2011a: 20］との批判は内外で多い。インドの「戦略の不在」は、以前から指摘されてきた［Tanham 1992; Subrahmanyam 2005］。これに対し、現在のインドの対外政策を、国力と環境が整うまで野心をあらわにしない、いわゆる韜光養晦《とうこうようかい》路線として、かつての中国になぞらえる見方もある［Horimoto 2017: 472］。しかしそうだとすれば、まもなく人口で中国を、そして二〇三〇年代には経済力でもドイツや日本を上回るとみられるこの国は、そうなったときには中国のように、あるいは「普通の国」として、振る舞うようになるのであろうか。本書では、インドがなぜ「普通の国」として行動しないのかを考えてみることにしたい。

第1章ではまず、冷戦期から今日に至るまでのインド外交の変遷が、一般にどのように語られてきたのかを振り返る。ここでは初代首相ネルーの理念志向の「理想主義」外交が、中国との国境戦争（一九六二年）を経て、冷戦後には軍事力と経済力を前面に押し出す「現実主義」へと転換したという言説が、インド国外においてのみならず、国内においてすら支配的であったことを示す。そのうえで、「現実主義」への「転換後」も、イラク戦争への批判的立場や日米豪印合同演習への消極的姿勢など、インド外交には「現実主義」では説明のつかない「現実」があることを踏まえ、インド国内で若い世代の研究者を中心に、土着の国際政治の思想・理論の模索への胎動があることを紹介する。

つづく第2章と第3章は、支配的言説を超えて、過去から現在に至るまでのインド外交に通底する特性とはなにかを探る試みである。まず第2章においては、インド外交にはいわばDNAとして染みついた戦略文化が内在することを明らかにする。第一はインドが独立以来もつ強い大国志向である。GDPや軍事力でいえば、世界のなかでは取るに足らない存在でしかなかった時代にあっても、インドはつねに自らを偉大な国（であるはず）だとみなしてきた。第二は自主独立外交への執拗なまでのこだわりである。大国に従属し、国家主権を侵食されることに対してインドは強い警戒感を示してきた。そして第三が、きわめてプラグマティックな思考・行動様式の伝統である。古代の戦略思想「アルタシャーストラ」に由来する、実利、すなわち国益を最優先する外交は、実力で対抗するだけでなく、場合によっては、国家間協力や和平すら推奨する独特の「現実主義」観を育んだ。以上の三つの要素は、インドがなぜ今日でも特定の国との同盟を拒絶し、さまざまな国との戦略的パートナーシップを選択するのかを理解する鍵となるだろう。

とはいえ、こうした戦略文化だけで、個々の具体的な外交政策が規定されるわけではない。インドという国家が、国際関係のアクターとしてもつ内的・外的な構造的制約に目を向ける必要がある。第3章では、このうちの内的な制約要因として、インドという国民国家の特性、ならびに連邦制下で進んだ中央の政治力の低下を論じる。多様な民族・宗教集団から構成されたインドという「国民国家」は、西洋理念型のそれと比べるとあまりにも脆弱に映る。それゆえに、歴代の指導者にとっては国内の分裂を回避し、統一をいかに維持するかということが大きな政治課題とならざるをえない。とくにスリランカやバングラデシュ、パキスタンとインドのあいだには、エスニック集団が国境横断的に存在しており、これら近隣国との外交は、しばしばその観点から形成・遂行されてきた。たしかにその後のインドの大国化に伴い、国民国家としての脆弱性はかつてほど深刻なものではなくなりつつある。しかし、国民会議派の一党優位体制が崩壊した一九九〇年代以降、インドでは地域政党の国政への影響力が強まった。その結果、連邦政府が戦略的に志向する近隣外交政策は、しばしば国境州から「拒否権」を突きつけられるようになった。こうした国内政治の延長としての近隣外交にくわえて、外的な制約要因としては、国際場裡によるインドのパワーの違いを考察しなければならない。インドは南アジアとその周辺では圧倒的な存在であるがゆえに、現状維持を志向する傾向が強い。他方で域外、すなわちグローバルな舞台では、台頭しているとはいってもアメリカや中国のパワーには、遠く及ばない。そこでルールや秩序の変更を強く求めざるをえないという現実が生じるのである。

第2、3章で示した枠組みをもとに第4章においては、これまでの章では詳細に扱ってこなかったインドの具体的外交政策を検討する。取り上げるのは、パキスタン、アメリカ、中国、ロシア、そして日本との関係である。域内の唯一の挑戦国であるパキスタンとのあいだには大きな軍事力の格差がある。にもかかわらず、なぜ印パ間ではこれほど長期にわたって紛争状態がつづき、いまでもパキスタンからのテロに有効な対策を講じられず、和平も難しいのであろうか。域外の大国である米中ロのいずれとも、インドは「戦略的パートナーシップ」関係を構築して、そのあいだを揺れ動いているようにみえる。その目的とそれぞれのパートナーシップの意味合いはどこにあるのか。そしてアメリカの同盟国であり、アメリカよりは小さなパワーである日本との関係にインドが期待するものはなにか。これらの問いが考察されることになる。

最後に、二〇一四年にはじまる第一期政権の満了後、二〇一九年にさらに強い支持を集めて発足した第二期モディ政権がヒンドゥー・ナショナリズム的傾向を強めていることを、これまでに論じてきたインド外交のなかでどのようにとらえたらよいのかを、考えてみることにしたい。

(1) 二〇一〇年代前半までの主要国のインド接近を扱ったものとしては、ホールの編集した研究 [Hall ed. 2014] が優れている。

(2) 日本国際政治学会には地域研究の分科会として、アジアに関していえば、東アジア、東南アジア、中東が置かれているが、南アジアは存在しない。

(3) たとえば、『朝日新聞』「天声人語」欄(一九九八年五月一四日朝刊)、ならびに『毎日新聞』「社説」欄(一九九八年五月一三日朝刊)を参照されたい。いずれも「非暴力」や「ガンジー」に言及して、インドの核実験はそこからの逸脱ととらえて批判している。

第1章　理想主義から現実主義への転換か？

（1）通説としてのインド外交史

インド外交の目標と行動が過去も現在も不可思議に映るとしても、この国の辿ってきた外交路線に大きな転換点、変化があったということは、内外の共通認識になっている。

「非暴力」を掲げ大英帝国と闘ったモーハンダース・K・ガンディー（通称マハトマ・ガンディー）は、独立インドの初代首相としてジャワハルラル・ネルーを指名した。サティヤーグラハ（真理の把捉）と呼ばれる独立闘争のなかで、ガンディーの薫陶を受けたネルーは、暴力に依拠することなく、理念（idea）の力で正義を実現できるという信念を抱いていた［Jayapalan 2001: 27-32］。

ネルーの推進した非同盟運動は、こうした理想主義の典型とされる。東西冷戦が激化するなか、彼はそのどちらにも与さない姿勢を明確にした。一九五四年、中国の周恩来とともに、（1）領土・主権尊重、(2)対外不可侵、(3)内政不干渉、(4)平等互恵、(5)平和共存を、二国間関係の基軸とする「平和五原則」を宣言した。さらに翌一九五五年には、これを基礎としてアジア・アフリカ会議(バンドン会議)を開催しそこで「平和十原則」を主導した。ネルーはこうして、東西両ブロックへの組み込みを拒否する第三世界勢力の結集に努め、超大国の支配を批判する積極的な中立政策としての非同盟運動創設に尽力した。脱植民地主義や核兵器を含む軍縮を強く訴えたネルーは、非同盟運動のリーダーとしてたたえられ、冷戦下の国際社会における彼とインドの道義的地位は頂点に達した。

一九五八年から一九九四年まで外交の現場に携わり外務次官まで登り詰め、二〇〇四年から死去するまでの一年間はマンモーハン・シン政権の国家安全保障顧問としても活躍したディクシットは、ネルー外交について、その道義的な力と国際的影響力のおかげで、インドは当時の経済力、政治力、軍事力とは不釣り合いなまでの影響力を国際問題において獲得できたことを認めている。しかしネルーの非現実的な世界秩序観にもとづく外交政策は、パキスタンや中国などとのいくつかの争点について、国益の追求を妨げてきたとし、その後遺症はネルー後にも時折顕在化したと、批判的に回顧している[Dixit 2001: 46-47]。たしかにネルーは、一九四七年の分離独立直後から、カシミールの領有権をめぐってパキスタンと戦火を交えたものの、可能とみられていた軍事力による勝利を追求することはあえて避け、国連安全保障理事会に提訴する道を選択した。

しかしそのネルーは晩年、厳しい現実に直面する。非同盟運動の盟友だった中国との国境戦争と、その手痛い敗北である。国境問題について、平和五原則をもって確定したとみなすネルーの認識[吉田 2010: 55-65］に対し、中国はインドが領有権を主張する西部係争地の無人地であるアクサイチンに、インドが気づかないうちに着々と道路建設を進めた。一九五九年のチベット反乱以降は、東部・西部の係争地で武力衝突も相次いだものの、ネルーは中国側の本格的な武力侵攻はないものと楽観していた［Maxwell 1970=1972: 230-236］。しかしそれは幻想だった。世界の耳目が米ソのキューバ危機に集まっていた一九六二年一〇月、中国人民解放軍は東部・西部両係争地で大規模な軍事行動を開始した。まったく準備のできていなかったインド軍が敗走を重ねたのは当然であった。

軍事的敗北以上にインド外交に衝撃を与えたのは、非同盟運動のメンバーを含む友好国の冷たい反応であった。ディクシットは、これがきっかけとなってインドが、およそ国家というものは自国の利益に直接関わらない問題については反応しないのだという現実を突きつけられ、それまでの路線からの脱却を図りはじめたと指摘する［Dixit 1998a: 55-56, 75］。その流れは、一九六四年にネルーが死去したことでより強まった。

ネルーの死後二年半、首相を務めたラール・バハードゥル・シャーストリーは、短期間であったが、ソ連からの軍事援助を受け入れて、これまで軽視されてきた防衛力の強化を進めるとともに、一九六五年には第二次印パ戦争を指揮するなど、徐々に厳しい現実に力で対処する方向をとりはじめた。

一九六六年に首相に就任したネルーの娘、インディラ・ガンディーは、父とはまったく異なる世界観の持ち主とみられた。人間と国家の理性を信じた父とは対照的に、彼女はためらうことなく、インドの外交政策をその時々の国益と関連づけることを正当化したといわれる［Dixit 1998a: 88-90］。

インディラが外交政策形成のうえで、安全保障上の脅威と認識したのは、インドと戦火を交えたパキスタンと中国の接近であった。これに対する彼女の政策は、道義や理念による対応ではなく、地域・国際情勢を冷徹にとらえたうえで、軍事的に対処しようとするものだった。第一に、彼女は中ソ対立が先鋭化するなかで、ソ連とのいっそうの戦略的関係強化を決断する。一九七一年の第三次印パ戦争直前には、中国の介入を抑止すべく、印ソ平和友好協力条約を締結した。これは事実上の軍事同盟であるとみられ、ネルー期に構築された「非同盟」の原則の放棄ではないかと疑いがかけられもした。その後、一九八〇年代に入ると、ソ連のアフガニスタン侵攻に伴う米パ接近に対抗して、印ソ関係はさらに強化された。

第二に、ネルーに比べるとインディラは基本的な関心を、グローバルな問題よりも、南アジアに置き［Kapur 2009: 146］、地域におけるインドの安全と支配を確保するためには、他国に対する公然ならびに非公然の介入も厭わなかった。パキスタンからのバングラデシュの独立を支援したほか、当時中国やパキスタンに近いとみられたスリランカに対しては、国内の反政府武装勢力にも支援を与えることで政権の弱体化を図ったとみられている。

第三には、軍事力の強化である。中国の核保有を受け、一九七四年には最初の地下核実験に踏み切り、核開発を進めるとともに、通常戦力についてもソ連との兵器協力を基盤として軍拡を推進した。

インディラは、一九七七年の総選挙で敗北し三年間下野したのを除けば、一九八四年に暗殺されるまで首相の座にあり、理念重視だったネルーによるインド外交に新たな息吹をもたらした。インディラを引き継いだ息子のラジーヴ・ガンディーは、中国との関係改善を進めたほか、米ソとのあいだでもバランス外交を意識していたようにみえる［Kapur 2009: 221-228］。しかし、それは世界の冷戦構造が終焉へと向かいつつあるなかでの政策であった。南アジア諸国との関係については、パキスタンとの対立関係は変わらず、スリランカ内戦やモルディブのクーデタに部隊を派遣するなど、基本的にインディラの路線が引き継がれた。

ラジーヴ後の一九九〇年代には数多くの政権が生まれては消えたが、外相、首相として非会議派連立政権を支えたインドラ・クマール・グジュラールが、南アジア近隣国に対して、「善隣外交」と即座の見返りを求めない「非相互主義」を柱とする「グジュラール・ドクトリン」を発し、周辺国から好意的に受け止められた(1)［Gujral 1998; Sen Gupta 1997:309］のを除くと、いずれもそれほど大きな新しいインパクトをインド外交にもたらすことはなかった。

むしろ一九九〇年代以降のインド外交にとって大きかったのは、政治指導者の交替よりも、国際情勢の激変である。友好関係にあったソ連の解体、東西冷戦の終焉、グローバリゼーションの進展は、ネルーの非同盟外交とインディラの親ソ外交双方からの転換を迫るものだった。ソ連という軍事的かつ経済的後ろ盾を失ったインドにとって、一九九〇年にはパキスタンへの武器供与を停止したアメリカとの関係構築は必然の展開であった。一九九一年のナラシンハ・ラーオ政権下ではじまった経済自由化政策と、アメリカをはじめとする西側諸国への接近は、その後の歴代政権にも党派を超えて基本的に継承されている。

ポスト冷戦のインド外交を強く印象づけたのが、ナショナリズム志向の強いインド人民党を中心としたアタル・ビハリ・ヴァジペーイ連立政権による一九九八年の核実験と核保有宣言である。翌一九九九年には、インドに対抗して核保有したパキスタンと限定的な局地戦争としてのカルギル紛争が勃発した。さらに二〇〇一年九月一一日の米同時多発テロ事件とアメリカの対テロ戦争で生まれた「反テロ」言説を利用して［伊藤 2005: 293-315］、同年一二月一三日のインド議会議事堂襲撃事件以降、軍を大動員して対パ開戦をちらつかせる「強制（威圧的）外交」を展開した。

西側との関係強化と自由化の流れは、印米原子力協力締結協定の締結にみられるように、二〇〇四年からの一〇年間の国民会議派主導のマンモーハン・シン政権になってもつづいた。そして二〇一四年にはじまるインド人民党主導のモディ政権になると、アメリカはもちろんのこと、日本やオーストラリアとの戦略的関係が、経済、政治、安全保障のあらゆる面でいっそう拡大・深化し、いまやインドは西側にとって不可欠なパートナーとなっている。安倍首相は海洋進出の度を強める中国を念頭に、「法の支配」や「航行の自由」といったメッセージをモディ首相とともに発し、インドを自らの「セキュリティ・ダイヤモンド」構想、また「自由で開かれたインド太平洋（ＦＯＩＰ）」構想の一角を担う事実上の「準同盟国」として、陸海空全領域での演習や軍事交流を進めた。さらに多くのインフラ需要が見込まれるインドは、安倍政権の掲げる日本の「成長戦略」の成否を握る国となった。インドネシアの高速鉄道計画の受注競争で中国に敗れた安倍政権は、モディ政権に破格の条件を提示して新幹線システムの売り込みを図った。これらをモディ首相は受け入れたのである。

他方でモディ政権は、二〇一九年には「越境テロ」に対し、第三次印パ戦争以来となるパキスタン「本土」への空爆に踏みきった。二〇二〇年にも新型コロナウイルスの蔓延のなか、実効支配線（LAC）付近でのインドのインフラ建設中止や部隊撤退を迫って攻勢を強める中国の人民解放軍に対し、衝突による犠牲者が出ても一歩も引かない姿勢を示した。このように軍事力で威嚇し、ときには実際に行使することも躊躇しない姿勢が、鮮明になっている。

ここには、かつてマハトマ・ガンディーやネルーにみられた理念への信頼は微塵もなく、経済力や軍事力といったハードパワーを前面に押し出した外交が行われているようにみえる。

（2）西洋のレンズでみたインド外交

こうしたインド外交史の変遷は、国際政治学（国際関係論）では一般に、「理想主義（idealism）」と「現実主義（realism）」という概念でとらえられてきた。簡潔にいえば、理想主義とは道義的価値や法的規範、国際主義、利害調和への期待を外交政策形成の指針として重んじるのに対し、現実主義は国益、パワー、国家の存続を重視する考え方である［Evans and Newnham 1998: 465-467］。

この理想主義と現実主義といった国際政治学の思想・理論は、もともとヨーロッパ、とくにイギリスに起源をもち、その後はアメリカを中心にもっぱら英語圏で育まれてきた。主権国家からなる一七世紀のヨーロッパのウエストファリア体制が世界の他の体系を圧倒したように、西洋文明としての国際政治学も普遍的な学問としてグローバルに受容された。その結果、ヨーロッパやアメリカの国際関係のみならず、アジアやアフリカの現象についてもこのレンズを通して観察、理解され、政策形成・遂行がなされてきた。それは、外部者である西洋人にかぎられた話ではない。アジアやアフリカの内部エリート——その大半は西洋で教育された、あるいはまた西洋的価値観を共有した指導者や研究者——も同様であった。

インドを中心とした南アジアも例外ではない。インド人研究者のベヘラは南アジアの安全保障言説は西洋からの「借り物」にすぎないと看破し［Behera.N.C. 2002: 13］、インドにおける国際関係の議論も、西洋の国際政治学の論争枠組みを前提にして行われてきたと指摘する［Behera 2007: 354］。

実際のところ、ネルーからモディに至るまでのインド外交論のほとんどは、「理想主義」から「現実主義」への転換として語られてきた。中国と並ぶこのアジアの大国は元来、文明的魅力や政治的発信力に優れ、いわゆる「ソフトパワー」を駆使して、道義や理念にもとづく外交を展開する第三世界のリーダーだとみられていた。しかし近年では、核を含む軍事力や、巨大市場の経済力が顕在化し、物質面でもそのパワーの台頭が際立ってきている。インドの代表的な戦略家のラージャ・モハンは、グローバル市場への参入、西側との緊密な関係構築、核保有に代表される軍事力の重視といった「眠れる巨象」の目覚めを、ガンディーやネルー以来の「理想主義」との決別、「現実主義」への転換として「インドがルビコンを越えた」と肯定的にとらえている［Mohan 2003］。

もっとも、その転換を冷戦終結後より以前に求める見方もないわけではない。すなわち、ネルーの理想主義政策の挫折とされる印中国境戦争を経て、インディラはネルーの道義的理想主義を政治的現実主義に転換し［Dixit 2001: 30］、一九六〇年代後半から七〇年代には、インドは世界における「平和維持」の役割ではなく、軍事力を前面に押し出した南アジアにおける「安全保障追求者」へと変貌を遂げたというのである［Singh 2019: 1-2］。あるいは、一九七一年の印ソ平和友好協力条約を「非同盟の放棄」の重要な転換点として強調する見方もある［堀本 2015a: 5-8］。

これに対し、インディラもネルー主義を放棄したわけではなくむしろ信奉し、非同盟運動を重視していたとの指摘も多い［Ghose 2017: 291-292; Mansingh 2015: 113］。アメリカの南アジア研究者として著名なコーエンは、インディラを「戦闘的ネルー主義者」と位置づけ、力の使用についてはネルー的な軟弱さを否定しつつも、インドの偉大さや不均衡な国際システムといったネルーが用いた仮定の多くを継承したと論ずる。そして冷戦後にはグローバル経済との関係を重視する「現実主義者」と、インドのヒンドゥー教文化を重んじる「復興主義者」が台頭したと分析する［Cohen 2001=2003: 64-81］。インド人国際政治学者バジパイも同様に、冷戦後には、国家間協力による平和実現を主張してきた「ネルー主義者」が衰退し、経済的繁栄重視の「新自由主義者」が主流になりつつあると指摘する［Bajpai 2002: 245-302］。しかし同時にバジパイは、対米関係緊密化や市場のさらなる自由化への躊躇が二〇〇〇年代の国民会議派主導のマンモーハン・シン政権期にみられたことを念頭に、インドは長期的には「新自由主義」を維持できない可能性もあると留保をつけている［Bajpai 2014: 150］。[(2)]

にもかかわらず、大きな潮流としては、インドの外交がネルーの「理想主義」的な局面からインディラにはじまる移行期を経て、冷戦後には経済力と軍事力を重視する「現実主義」的なアプローチへと転換したというのが、内外ともに支配的な認識であることに疑いの余地はない。

(3) インド外交転換論の矛盾

これまでにみてきたような「インド外交論」は、一見きわめて明快かつ魅力的な説明のように映るかもしれない。しかし、外交政策は政治指導者の信念ならびに認識の違いや国際情勢の変化だけで決定されるのであろうか。そもそもインドの外交政策は、本当に理想主義から現実主義へと転換したといいうるのであろうか。

核保有を明確に打ち出したインド人民党主導のヴァジペーイ政権で外相を務めたシンハは、二〇〇二年の就任インタビューにおいて「非同盟は国際関係において依然としてきわめて有効な哲学だと信じている」と述べた(*The Hindu*, Aug. 8 2002)。実際、投資、対テロ、原子力などでアメリカとの戦略的関係を強化したヴァジペーイ政権でさえ、米ブッシュJr.政権の二〇〇三年のイラク攻撃には支持を与えず、有志連合への部隊派遣要請にも応じなかった。

インド人民党から政権を奪還した国民会議派主導のマンモーハン・シン政権は、たしかに二〇〇七年に日米豪との四カ国戦略対話ならびに合同演習に加わり、二〇〇八年には閣外協力関係にあった左翼政党の反対にもかかわらず、アメリカとの原子力協力を推進した。しかしその一方で、二〇一二年に政権幹部が深く関与するかたちで作成された『非同盟２・０』に象徴されるように［Khilnani, et al. 2012］、シン政権は「非同盟」の現代的意義を繰り返し強調したのである。

詳しくは後に考察するが、二〇一四年に成立したモディ政権でさえ、いかなる国との同盟も拒絶する立場は変わっていないどころか、日米豪印四カ国での合同演習にすら、慎重な姿勢を示しつづけた。二〇一九年の東アジア地域包括的経済連携（ＲＣＥＰ）交渉からの離脱表明、カシミール問題や市民権法改正といった「内政問題」による欧米との関係悪化などをみれば、現代インド外交が、本当に「現実主義」によって運営されているのか疑わざるをえないだろう。

こうした事例は枚挙にいとまがなく、「現実主義」からのたんなる例外的な逸脱として片づけるわけにはいかない。そうなると、海外のインドウォッチャーの多くは、「結局、インドはよくわからない国だ」と匙を投げてしまう。他方で、インド国内では、説明の困難な現象を前に、理論化を避けた政策志向の地域研究が国際政治学の主流となる［Alejandro 2017: 43］。インド外交を外部から見つめようとする研究者にも、同様のことがいえるだろう。西洋のレンズにもとづいて理想主義から現実主義への転換を当然の前提とする一方で、それでは説明できない現実をインドの特殊性に還元しようとするタイプの地域研究が、展開されてきたのである。

（4）インドに根ざした国際政治学へ

じつはインドの研究者や実務家のあいだで、西洋の国際政治学をそのまま受け入れることに抵抗感がなかったわけではない。国際政治学は、独立インドの求める関心とはかけ離れているように受け止められていたし、そもそもインドの教育システムは、理論よりも実践を優先する傾向があった。くわえて、西洋によるかたちを変えた新植民地主義ではないかとの警戒感もあったという［Bajpai 2005: 25-30］。その結果、インド外交研究は国際政治学とは距離を置き、理論化や普遍化をしようという機運が希薄だった［伊豆山 2019: 112］。

しかし理論構築に後ろ向きだとしても、理論から自由だったわけではない。すでに述べたように、外国人研究者だけでなく、インド人研究者の大半も、理想主義から現実主義へという言説にもとづいた外交論を語ってきた。すなわち、意識していなくとも、西洋の国際政治学を前提にしてきたのである。

それでも、二一世紀に入ると、中国やインドの台頭による国際政治の力の移行、いわゆるパワー・トランジションの顕在化とともに、非西洋の国際政治学を掘り起こそうとする模索がアジアを中心にみられるようになった。インド生まれの国際政治学者アチャーリヤは、イギリス学派として知られるブザンとともに、アジアには各地に理論のための豊かな資源があり、かつ西洋の伝統的な国際政治学がアジアの実態に合わないという認識は広がっていたにもかかわらず、内発的な理論構築が行われてこなかったと指摘し［Acharya and Buzan 2007: 287-312］、日中印をはじめとするアジアやイスラム圏など、非西洋の視点を取り入れた「グローバル国際政治学」構築の必要性を提唱している［Acharya and Buzan 2017: 341-370］。彼らはとくにアメリカでスタンダードとなったウォルツ流の「新現実主義（ネオリアリズム）」、「構造的リアリズム」に根源的な問いを投げかける。現在流通している西洋の支配的な国際政治学に対し、土着の理論を模索することの意義は、彼らによれば、これまでの偏重を是正するという学問倫理上の問題にとどまらない。それは国際政治学が解き明かそうとしてきた本来の問い、すなわち戦争と平和の原因の解明という役割を、今日の世界のなかで果たすためにも不可欠だというのである［Acharya and Buzan 2010: 236］。

インドにおいても、自国の文脈での国際政治の思想・理論を探す試みがはじまっている。アチャーリヤとブザンの研究グループで執筆したベヘラは、インドの歴史や哲学に光を当てる必要性を指摘しつつ、西洋対非西洋という二分法を超えて、ポスト西洋の国際政治学構築に向けて貢献していく決意を示した［Behera 2007: 341-368］。若手では構成主義《コンストラクティヴィズム》の観点から、チャコやダッタレイが、植民地支配の経験やガンディーのサティヤーグラハ闘争が、今日までのインド外交に影響を与えているとして、西洋中心的な国際政治学とは異なる視点を提供している［Chacko 2012a; Datta-Ray 2015］。

これらは理想主義から現実主義への転換という言説を超えて、独立以来のインド外交に通底するなんらかの特性を探そうとする試みである。しかし、その特性はけっしてインドの哲学か植民地支配の歴史のいずれかのみに還元されるわけではないだろう。さらにいえば、現実の出来事がなぜ生じたのか、個別の外交政策がなぜ採用されたのか、あるいはされなかったのかを分析し、説明することに成功していたとはいいがたい。たとえば、インド近隣国に対する中国の影響力の浸透が盛んに指摘され、それに対処する必要性が論じられていたにもかかわらず、マンモーハン・シン政権はスリランカとの関係構築を躊躇したし、モディ政権もバングラデシュが望む河川共同利用協定の締結に踏み切れていない。それはなぜなのか。なぜモディ政権も含め、インドの歴代政権は、カシミール問題への他国の介入を頑として拒みつづけるのか。なぜ中国を警戒し「一帯一路」は拒絶する一方で、中国主導のアジアインフラ投資銀行（ＡＩＩＢ）にはコミットするのか。哲学や歴史への還元論も、インド外交の転換論と同じく、これらの問いに答えられていない。

つぎの章からは、こうした問いに答えるための枠組みを、インド外交のＤＮＡとして染み込んだ戦略文化、ならびにインドの置かれている内的かつ外的な制約としての政治構造という見地から、論じていくこととしたい。

（1）外相時代の一九九六年九月二三日にグジュラールが英王立国際問題研究所で行った「インド統一戦線政府の外交政策目標」演説がきっかけとなった［Gujral 1996］。

（2）コーエンのいう冷戦後の「現実主義者」とバジパイのいう「新自由主義者」は同義である。またバジパイは、冷戦後に軍事力による平和実現を掲げる「超現実主義者」も生まれたことを指摘している。これらの勢力はいずれも一九九〇年代に台頭したインド人民党のなかに見いだせることに留意したい。

第2章　DNAとしての戦略文化

（1）大国志向

本日三月二七日、いまからほんの少し前にインドは目覚ましい成功を収めた。インドは本日をもって、グローバル宇宙大国としての地位を確立した。これまでに世界でこの能力を有するのは、アメリカ、ロシア、中国の計三カ国にすぎない。本日、インドは宇宙大国として、この地位を獲得する四番目の国となった。すべてのインド人にとって、これほど誇らしい瞬間はない。（二〇一九年三月二七日、モディ首相テレビ演説［*India Today* 2019］）

二〇一九年三月、インドは上空約三〇〇キロメートルの人工衛星をミサイルで破壊することに成功した。いわゆる衛星攻撃兵器（ＡＳＡＴ）の実験である。モディ首相は当日、重大発表があると予告してテレビ演説を行い、このメッセージを国民に送った。テロを繰り返すパキスタンに対してのみならず、宇宙においても「チョキダール（門番）」になったと「強いインド」を誇ったモディ首相は、直後の総選挙で圧勝し、続投を果たした。

注目すべきなのは、モディ首相がＡＳＡＴという、一般国民は聞いたこともなければ、それがどんな意味をもつのかも理解できないであろう科学的成果を、米ロ中という軍事大国に並ぶ力を獲得したとして誇示している点である。ＡＳＡＴがインドの経済発展や安全保障に有益だと主張してはいるが、具体的にどう寄与するのかは説明されているとはいえず、大半の国民は理解していないであろう。

そもそもＡＳＡＴ実験成功の発表の意図は、それがインドの経済や安全に寄与するかどうかを合理的に説明することにあったわけではない。モディの治めるインドが偉大な国であること、世界の既存の大国に匹敵する国であることを、国民に政治的に証明してみせることにあったと考えるべきだろう。

科学的・軍事的成果を、インドの大国化の証しとしてアピールするのはモディ政権にかぎらない。国民会議派主導のマンモーハン・シン政権下の二〇一二年、インドは射程五〇〇〇キロメートルの核弾頭搭載可能な長距離ミサイル、アグニＶの発射実験に初めて成功した。これを受け、アントニー国防相は、「インドは本日、断固たる立場を示した。わが国はエリートクラブに加わったのである」と強調した（*The Indian Express*, April 20 2012）。

ここでアントニー国防相がエリートクラブとして念頭に置くのは、大陸間弾道ミサイル（ＩＣＢＭ）をもつ国連安保理常任理事国五カ国である。厳密にいえばＩＣＢＭは五五〇〇キロメートル以上のものを指すので、じつはアグニVはそれに該当しない。さらに配備にはまだ相当の時間を要するうえ、すでに中国は多くのＩＣＢＭを配備済みである。この事実を踏まえれば、たった一度の実験成功でインドの安全保障環境が劇的に改善されたわけではないのは明らかである。にもかかわらず、主要大国と肩を並べた、という意義が強調されている点に注目すべきであろう。

「偉大な国」という自意識の由来

しかし、自らが大国だという、このようなインドの自己認識と主張は、じつは近年突然はじまったわけではない。独立まもない一九四九年にニューデリーに開館した国立博物館には、連日のように教師に引率された生徒たちが見学に訪れる。このインド最大規模の博物館を見て回ると、インダス文明や仏教遺跡をはじめ、いまのインドの地理的範囲をはるかに超えた広大なインドが、連綿とつづいてきたこと、それに対する誇りをインド人が強く抱いていることが、感じられる。国立博物館はインドが永遠だったこと、そして永遠に偉大でありつづけることを示すという使命［Singh 2015: 109］に応えようとしていることがよくわかる。

実際のところ、独立インドは大英帝国の植民地時代と比べれば、東西パキスタンが離脱して小さくなったにもかかわらず、初代首相ネルーは、自分たちを小国とはまったく考えていなかった。パキスタンよりも、面積、人口、経済力、軍事力で上回ることは明らかだったのにくわえ、インド文明の中心地の大半は新たなインド領内に残ることになったからである。そのうえ、インドはガンディーの率いた世界に冠たる非暴力不服従闘争の遺産の正統な継承者でもあった。

その他の南アジア諸国との関係では、インドははじめから圧倒的な存在だった。インドは他のすべての南アジア諸国と、陸か海で隣接する一方で、他の国々はいずれも互いには国境を接していない。そもそもパキスタンでさえ、インドを挟んで東西に分裂していた。その後、一九七一年の第三次印パ戦争でその東翼がバングラデシュとして独立したことで、インドの優位性はいっそう強まった。その他の南アジア諸国にとっては、地域の超大国インドに挑戦するなど、最初から思いもよらぬことだった。

他方、地域を越えてグローバルな舞台に目を転じると、独立期のインドは、人口や面積は大きいとはいえ、経済力や軍事力でいえば、取るに足らない存在であることは明白だった。それでも類いまれな独立運動を勝ち抜いた指導者たちはネルーを筆頭に、インドを貧しい国であるけれども、偉大な国、大国であると認識し、他の強力な国に媚びるようなことは考えてもいなかった［Mahajan 2015: 62］。米ソ両超大国を中心とした当時の国際的潮流に、偉大なインドが飲み込まれることを甘受するわけにはいかなかった。独立直後のネルー首相の決意表明にもそれは窺える。

ヨーロッパの小国の一部やアジアの小国の一部が、いくつかの事情から大国の一部に屈するよう強いられ、やむにやまれずそうした大国の事実上の衛星国となっているのは、理解できる。これら諸国の直面するパワーはあまりにも大きく抗いようもない。しかしそうした見方はインドには当てはまらないと私は考える。

われわれは弱い国でも、みすぼらしい国の国民でもない。軍事的な見地からでさえ、今日の超大国をわれわれが恐れるなど、馬鹿げている。（一九四八年三月八日、制憲議会での首相答弁［Nehru 1949: 216］）

そこでネルーは、インドがガンディーの非暴力により獲得した道義的遺産を最大限に活かした外交を展開する。ネルーがアジア・アフリカの新興独立国の力を結集して「第三世界」を形成し、冷戦構造や帝国主義、植民地主義を徹底批判したのは、インドの偉大さへの確信が、外交の中心にあったがゆえの道であった。この点では前章で述べたように、ネルーが理念の力に依拠したことは間違いない。

ネルーはまた、独立当初から原子力や宇宙開発にも積極的な姿勢をみせた。一九四八年には原子力法を制定し、原子力委員会も設置する。そしてバーバー博士に支援を与えてエネルギーとしての原子力開発を本格化させた。宇宙開発に関しては、一九六二年に現在の宇宙研究機関（ＩＳＲＯ）の前身となる国家宇宙研究委員会を設置した。このようなネルーとその後継者による原子力・宇宙計画は、インドのもつ大国志向によって導かれた部分が大きかったと指摘されている［Nayar and Paul 2004: 27］。

核不拡散体制の拒絶と核保有

インディラ・ガンディーも、グローバルな舞台ではすでにみたように非同盟運動を重視し、南北問題が広がるなかで先進国によるいわゆる新植民地主義を厳しく批判した。

私は苦痛で胸がいっぱいだ。必死で自由を求める者として、植民地主義の新たな手法と形態としての、いまなおつづく強い支配に恐れを抱かざるをえない。これはより不明確で認識しがたいがゆえに悪質である。（一九八三年六月八日、ベオグラードでの国連貿易開発会議（UNCTAD）におけるインディラ・ガンディー首相演説［Gandhi 1983a］）

植民地の時代は、表向きには終わった。しかし支配欲はつづいている。新植民地主義は、技術通信、商業、文化といったあらゆるタイプのパッケージで包装されている。（一九八三年三月七日、ニューデリーでの第七回非同盟諸国首脳会議におけるインディラ・ガンディー首相演説［Gandhi 1983b］）

またインディラは、一九六八年、核不拡散条約（NPT）に加わるよう求める国際的圧力が強まっていたにもかかわらず、これを「不完全かつ不平等」［Gandhi 1973:50］として拒絶した。彼女は「調印しなければ多くの苦難がもたらされるかもしれない。援助の停止や協力の停止もありうるかもしれない」（一九六八年四月五日の連邦下院でのインディラ・ガンディー首相演説［Gandhi 1968］）と認識していた。しかし他方で彼女は、兵器としての核開発には反対するという伝統的な立場を堅持しつづけた。NPTをその差別性を理由に拒絶したのは、純粋に安全保障上の懸念だけによるものとはいえないだろう。

一九七四年に「平和的核爆発」と称して行った最初の地下核実験直後の外国特派員との会見でも、インディラはNPTを「差別的かつ不平等」と断じている（*New York Times*, June 16 1974）。その後、ラジーヴ・ガンディーは、NPTの問題は、パキスタンの動向とは関係なく原則の問題だとして、条約は「本質的に露骨なほど差別的であるため」調印しないと述べた（*Herald*, January 1989）。

一九九八年のインドの核実験・核保有宣言は、もちろんインドをめぐる安全保障環境の変化やNPTの無期限延長、包括的核実験禁止条約（CTBT）の成立などにより核開発を規制する国際レジームが形成されつつあったことが背景にある。しかしそうした環境の変化は突然生じたものではない。核実験への最終的な引き金を引いたのは、国内政治であった。

核実験・核保有の可能性を公約に盛り込み、「強いインド」を実現するとして総選挙に勝利し発足したインド人民党主導のヴァジペーイ政権は、発足からまもなく大きな試練に立たされる。パキスタンが核弾頭搭載可能な中距離弾道ミサイル「ガウリー」の発射実験に成功したのを受け、国内メディアは「安全保障に関する政府の信頼性が問われており、国民は現政権が従来の政権と比べて気骨をみせるかどうか注視している」（*Daily Telegraph*, April 8 1998）などと煽ったのである。一六もの地域政党と無所属議員の協力を得て、なんとか過半数を維持していたヴァジペーイ政権は、自らの掲げてきた大国ナショナリズムを立証してみせざるをえなくなったのである。

実際、核実験は国民の圧倒的支持を受け、国民会議派をはじめとした野党勢力の大半でさえ、基本的には称賛を与えた。実験に際しては、もともとインド人民党が公約として掲げていた「国家安全保障評議会からの提言」もなければ、軍の見解も考慮されなかったことは広く知られている。実験をした場合の中国やパキスタンの反応、国際社会の反応など、外交・安全保障面での真剣な検討もなされたとはいいがたい。それよりも、ヒンドゥーの価値を中心とした大国インド、という姿を示すことが優先されたのである。

当時、外交・防衛問題で首相補佐を務め、その後、外相、国防相、蔵相を歴任したジャスワント・シンは、インドは「核のアパルトヘイト」と闘ったのだと実験を正当化した［Singh 1998: 41-52］。インド人民党にとって核保有宣言は、他の大国がみな核兵器をもっている現状に鑑みれば、インドの大国としての地位の証しであった［Nayar and Paul 2004: 28］。

「世界大国」への道

この核保有に代表されるような軍事力強化にくわえ、一九九一年の経済自由化の成果が二一世紀に入ると如実にあらわれるようになる。さらに外交面では、二〇〇〇年のクリントン米大統領訪印以降、主要国による「インド詣で」と戦略的パートナーシップ締結が相次ぐ。このことが、インドに大きな自信を与えることとなる。

旧式の官僚制支配や政治的ビジョンと戦略の欠如等により、インドはまだ大国とはいえない［Karnad 2015］としても、そのハードパワーはしだいに既存の大国に比肩する水準に近づいている。中国の台頭に伴い、これを警戒する日米など西側諸国のインド接近という国際環境の変化も、大きな機会をもたらしている。この状況下では、かならずしも非同盟のような道義に依拠しなくても「普通の国」として振る舞うことで国益の増大を実現し、「地域大国」から「世界大国」への道を切り開くことができるという主張が一部から台頭してきたのも不思議ではない。こうして独立以来の大国への野望を追求する外交政策が本格化していく［Ogden 2011: 3-13］。

「世界大国」を目指す二一世紀のインド外交の具体的な動きとして、以下の三点が指摘できよう。第一は、いっそうのハードパワー獲得のための各国との経済・軍事協力の活性化である。ここでは、先行する中国が強く意識されている。日本や韓国、ＡＳＥＡＮとの自由貿易協定・包括的経済連携協定が推進され、在外インド人の力も活用して、インフラ部門を中心に外国投資を積極的に誘導してきた。それはインド国内にかぎらない。モディ政権は、スリランカ、バングラデシュ、ミャンマーなど周辺国のインフラ整備に日本を巻き込んだ。気候変動問題では、経済成長を阻害しかねないような温室効果ガス削減に抵抗している。福島第一原発事故後、脱原発へ向かう先進国とは対照的に、各国と原子力協定を結び、原発推進策をつづけるのも、経済規模の拡大のため多くのエネルギー需要が見込まれるからにほかならない。

軍事協力でインドがとくに重視するのは、兵器調達である。冷戦期にはもっぱらソ連に依存してきた兵器体系は多角化しつつあり、インドは技術移転によって国産化につなげようとしている。インドは最新鋭戦闘機一二六機の調達計画について、アメリカ、ロシア、ヨーロッパの各社を競わせ、二〇一二年、フランスのダッソー社のラファールを選定した(1)。中国のインド洋進出の動きに触発された海軍の強化も目覚ましい。インド海軍は、二〇二二年までにロシア製と国産からなる三隻の空母を中心とした「ブルーウォーターネイビー（外洋艦隊）」化を図るとしている［清田 2010: 175］。主要国との合同演習を含む軍事交流にも積極的である。

第二は、政治大国としての地位確立のための外交である。とりわけ、国連安保理常任理事国入りの実現は、「世界大国」の証しと位置づけられている。二〇〇〇年の国連ミレニアム・サミットにおいてヴァジペーイ首相は、この意思を世界に明確に示した。

加盟各国に思い起こしていただきたいのですが、この数年われわれは、安保理常任理事国としての責任を担う客観的基準に照らして、インドはその資格があると確信している旨お伝えしてきました。実際のところ、世界最大の民主主義国として、膨大な可能性のある国として、急速に成長する経済大国として、平和維持活動（PKO）への主要貢献国として、インドは安保理において常任理事国の地位を要求する当然の権利があるのであります。［Vajpayee 2000］

その後、二〇〇四年頃から、インドは国連改革で志を同じくする日本、ドイツ、ブラジルと、いわゆる「G4」として連携を開始する。それだけではなく、インドは、いかなる主要国との首脳会談の際にも、かならず相手国にインドの常任理事国入りを支持するかを確認するようになった。そしてその相手国の反応は国内で大きな注目を集めてきた。

そうはいっても、国連安保理常任理事国入りは、パキスタンの強い反対と中国の消極的姿勢のため容易ではない。そこで、より手近な実現性の高い目標としてモディ政権が追求しはじめたのが、大量破壊兵器とその運搬手段に関わる既存の国際輸出管理レジームへの加盟である。具体的には、原子力供給国グループ（NSG）、ミサイル技術管理レジーム（MTCR）、オーストラリア・グループ、ワッセナー・アレンジメントの四つの国際枠組みがある。これらへの加盟は、インドの核不拡散の姿勢を国際社会に示すことで、ハイテク分野での取引を進展させるとともに、インドの核兵器保有の合法化を確実なものとするうえで効果的だと期待されてきた。モディ政権は、二〇一六年にMTCR、二〇一七年にワッセナー・アレンジメント、二〇一八年にオーストラリア・グループへの加盟を次々と実現させた。

しかしモディ政権が最も重視したNSGへの加盟は、中国により繰り返し阻まれてきた(2)。NSGは一九七四年のインドの最初の核実験を契機として、NPT加盟国以外の国への民生用原子力技術・燃料の輸出を規制するしくみとしてつくられたものである。にもかかわらず、NSGはアメリカの強い働きかけで二〇〇八年に、そのインドとの取引を解禁する。以降、インドは各国と民生用原子力の協力をはじめることが可能となった。したがっていまさらインドがNSGに入ったからといって、物理的に得られる利益はさほど大きくないとみられていた。それでもモディ政権が加盟にこだわったのは、かつてインドを除外したレジームの正式メンバーとなることに政治的な意義を見いだしているからだろう。

第三は、文化大国として、インドの価値を世界に積極的に発信する動きである。二〇一四年に発足したモディ政権はこの傾向が顕著である。モディ首相は、英語が堪能であるにもかかわらず、国連総会での演説など国際舞台ではたびたびあえてヒンディー語を用いる。二〇一四年の最初の国連総会演説では、国際ヨーガの日の制定を提案し、それを実現させるや、日本も含め世界各国で大使館を活用した大規模なイベントを主催するようになった。

このほか、安倍首相をはじめ各国首脳をデリーではなく、アーメダバードのガンディーのアーシュラム（道場）やヴァラナシのガンジス川のガート（沐浴場）等に招き、インドの歴史や伝統、宗教をアピールすることにも余念がない。さらにモディ首相は各国への訪問時に、在外インド人を集めた大規模集会を開催して、祖国インドとの文化的つながりを頻繁に訴えてきた。

このように近年のインドが、その成否はともかく、「世界大国」に向けた野心を諸政策で次々打ち出しているのはたしかである。しかも、経済力や軍事力の増強と、主要国がこぞってインドに接近する国際環境が有利な状況を創出した。その結果、インドは「大国志向が顕わ」［堀本 2015a: 2］となり、大国化に向けた諸政策をますます展開するようになっている。

しかしインドの大国志向そのものは、突然生まれたものではない。インドは南アジアでは歴史上つねに超大国として君臨してきた。そして世界にあっても、ネルーやインディラの時代のように、たとえハードパワーにとぼしくとも国際政治の支配的潮流に抗い、インドのもつ理念の力を駆使して、先頭に立って別の流れを創り出すことに腐心してきた。偉大なインド、大国としてのインドは、独立期からインド外交の基底に根ざし、受け継がれつづけてきたものなのである。

（2）自主独立外交へのこだわり

大国志向から生まれ、それと分かちがたく結びついたインド外交の根底には、自主性の確保に対する強いこだわりがある。たとえば、二〇一一年、ニルパマ・ラオ外務次官はフランスの研究所での講演のなかで、「インドは大きな国であり、同盟タイプの関係はふさわしくない」と明言した［Rao 2011］。特定のパワー（ブロック）の支配からの自由を求め、従属を避け、自ら決定する主権（sovereignty）を重んじる外交の追求である。

二一世紀に入ると、とりわけアメリカとの戦略的関係が、インドの主体性を損ねることにならないかという懸念はつねにつきまとってきた。国民会議派主導のマンモーハン・シン政権が二〇〇七年、アメリカとの民生用原子力に関する二国間協定を妥結したと発表すると、閣外協力する左翼政党からも、インドの主権を害するとの反対の声が上がった。これに対し、シン首相は連邦下院で「わが国の独立した外交政策を損なうものではけっしてない」と強調し、懸念の払拭に努めた［MEA 2007a］。翌年、NPT非加盟のインドとの協力を例外的に認めるかどうかがNSGで議論されるなか、ムカジー外相は、「わが国は自発的かつ一方的な核実験のモラトリアムに引き続きコミットしている」［MEA

2008a〕との声明を発表し、各国の支持を求めた。ここで重要なのは、核実験の停止は、他国や国際社会から強制されるものではなく、あくまでも自主的な宣言だとしている点である。

その後、被爆国である日本がインドと二国間協定の交渉を行った際にも、インドは最後まで、「実験停止」を義務づけられることを拒絶した。結局六年もの交渉期間を経て、二〇一六年に結ばれた日印協定では、協定本文に「実験停止」の約束はなく〔外務省 2016a〕、このムカジー声明を「協力の不可欠の基礎」として言及する「見解及び了解に関する公文」〔外務省 2016b〕を交わすにとどまった(3)。万一インドが再度の核実験に踏み切るようなことがあれば、どうなるのか。日本でも核不拡散を支持する観点から、懸念の声が上がった。

しかし、そうしたことが起きれば、すでに二〇〇八年にライス米国務長官が警告したように、インドとの協力に「きわめて深刻な結果」がもたらされるのは確実である。それゆえインド国内でも、当時野党だったインド人民党が「将来の核実験の権利が制約される」と反対の立場を示したほどである。すなわち再度の核実験は、インドにとって、エネルギーのみならず、国際社会で失うものが大きく、実際上は難しい。しかしそれを自覚していても、少なくとも法的には、「自発的停止」ということにこだわるのである。

ネルーの「非同盟」

もちろん、核政策にかぎらず、自主的な外交政策の希求はインド特有のものとはいえない。近年では、ヨーロッパにおいても、やはり対米関係においてどの程度の独立性が確保できるのかという議論が活発化している［鶴岡 2018: 123-129］。しかしインドは、ヨーロッパとは異なり、過去から現在に至るまで、少なくとも公式レベルでは「同盟（alliance）」を構築したことはない。独立以来のこだわりの背景には、イギリス植民地支配の記憶があるとみられる［Ganguly and Pardesi 2009: 5］。一九四九年の独立記念日、ネルー首相は植民地からの独立過程を想起しつつ、国民につぎのように語りかけた。

他人に過度に依存しすぎる者は自ら弱く無力になるのだということを忘れるべきではない。国の自由というものは、自身の力と自立によってのみ保つことが可能となる。

われわれはいかなる国にも敵意を抱かず、他国民の問題に干渉したくもない。いかなる国も自らが最善と考える道を自由に選択すべきである。われわれは他国の自由に干渉することを望まないし、他国にもわれわれの自由について同様に考えてもらいたい。そういうわけで、われわれは世界のパワー・ブロックのいずれにも参画しないことを決断したのである。（一九四九年八月一五日、独立記念日演説［Nehru 1954: 4］）

ときに執拗とも思えるほどの自主的外交へのこだわりは、偉大なはずのインドが受けた屈辱を繰り返したくないという意識のあらわれなのかもしれない。

その意味では、インドが直面することになった冷戦構造は、独立達成後の同国にとって最初の大きな挑戦だった。ネルー首相にとって、「最大の外交課題は独立の維持であった」（堀本 1997: 125）。それゆえ、非同盟の立場と非同盟運動の推進は、大国としての自尊心の表出であるのと同時に、世界の二大超大国の支配に組み込まれ、独立の意義を損なうのを阻止するための防御策でもあった。いずれのブロックに参画しようとも、大国たるべきインドの対外的な自由度が拘束されかねないとの強い危惧があったからである。ネルーはこれを強く自覚していた。

この国の全般的合意に従い、われわれはあれやこれやのブロックから自由な政策を追求すべきである。もちろん、どちらかに共感を抱く者もいるかもしれないが、それはまったく別のことだ。一つのパワー・ブロックに加わることは、わが国が独自の政策をもつ権利を放棄し、誰かほかの連中の政策に従うことを意味する。（一九五三年二月一六日、連邦上院での演説［Nehru 1954: 323-324］）

その後、非同盟運動のパートナーであったはずの中国との国境戦争で敗北してもなお、ネルーは軍事ブロックを批判し、非同盟によって冷戦下での外交の自由を確保することをやめなかった。

非同盟とは、数多くの問題や緊張を生みだす軍事ブロックに参画しないということを意味する。われわれはこれらのブロックのいずれにも参画しなかった。非同盟はわれわれに行動の自由、すなわち最善と考えるように動く自由――それこそが独立の意義である――を与えてくれる。（一九六

三年九月三日、連邦上院での演説［Nehru 1968: 180］）

インディラ・ガンディーの「印ソ同盟」の本質

ネルーがこのように非同盟に最後まで執着したのとは対照的に、娘のインディラ・ガンディーは非同盟路線を放棄し、「印ソ同盟」に躊躇しなかったと論じられることがある［堀本 2015a: 5-8］。焦点となるのは、一九七一年のインディラ政権による印ソ平和友好協力条約である。当時のインドを取り巻く国際戦略環境には、たしかにソ連との関係緊密化を必要とし、また可能とする要素が存在していた。かつて蜜月関係にあった中ソの対立は、一九六〇年代末までには決定的なものとなっていた。他方で、ネルー・周恩来による「平和五原則」で頂点に達した印中の友好関係は、未解決の領土問題やダライ・ラマの亡命を含むチベット問題などで、一九五〇年代の終わりには行き詰まり、一九六二年に国境戦争を仕掛けてきた中国人民解放軍にインド軍は惨敗を喫した。さらに、中国はそれから二年後に核実験に成功する。くわえて、元来の敵国パキスタンからは、一九六五年に二度目の正規戦を挑まれており、一九七〇年の終わりまでには、東パキスタンの独立問題をめぐって三度目の戦争が避けられない情勢にあった。

こうしたことを踏まえれば、ソ連との関係強化はきわめて合理的な判断であった。インディラは世界平和評議会事務局長によるニューデリーでのインタビューにおいて、「この条約が、われわれに病的なまでの敵意を示してきた国々の側のひどい冒険主義を阻止するものと確信している」と答えている［Gandhi 1975: 720］。ここからみるかぎり、彼女がソ連との条約に抑止効果を期待していたことには疑いの余地がない。もっとも、この条約が実際に同盟として機能したかどうかは、つまるところ、中国とパキスタンがそのおかげでインドへの攻撃を差し控えたのかどうかにかかっているといえるだろうが、この点は定かではない。

しかしその一方で、インディラはソ連との新たな関係を非同盟政策からの逸脱、あるいは同盟への傾斜だとは、けっして認めようとしなかった。その根拠としたのは、第一に、印ソ平和友好協力条約第四条にソ連側は「インドの非同盟政策を尊重」すると明記されていることである。そして第二には、厳密な意味での「同盟」が相互防衛の「義務」を課すのに対し、同条約は、その点については曖昧な表現にとどまっていることにある。第九条は、どちらかの国が第三国からの攻撃を受けた場合に、いずれもその第三国の側に立たないとする一方で、そうした有事の際にはただちに双方が協議すると規定するにすぎない。いずれもインド側の強い主張が通ったものとみられる。

これにもとづき、条約調印直後に訪米したインディラは以下のように釈明して、インドの非同盟の立場に変更はないことを強調した。

印ソ条約に関していえば、それは非同盟国としてのわが国の立場に影響を及ぼすものではありません。つまり、わが国はいかなる国にも軍事基地を提供することはありません。そしてこの条約の下では、なんらかの危険な状況が生じた場合にはわが国はソ連側と協議することになっていますが、いかなる決定を下すか、いかなる措置をとるかは完全にインド自身の問題です。(一九七一年一一月五日、ワシントンのナショナルプレスクラブでの会見［Gandhi 1975: 555］)

すなわちインディラは、印ソ条約が抑止効果をもつことを期待する一方で、それを同盟ではなく、従来の非同盟政策と矛盾するものではないものにしようと努めた。それは父の時代から築き上げてきた道義的遺産を守るという動機、あるいは被植民地支配の経験のなかで培われてきた「倫理・政治」プロジェクトを継続することでインドの自己アイデンティティを創出するという意図もあったかもしれない［Chacko 2012a: 11-14,18］。しかし、インディラも非同盟を「国際問題における判断と行動の独立性」［Gandhi 1975: 731］と位置づけていた。そのうえで、彼女は「世界の事象についての決定と行動の独立性を見る影もない姿にさせてしまうようなことは考えられない。それは私にとって最も重要なこと、まちがいなく私の命よりも重要なことである」［Gandhi 1975: 776］とまで述べた。このような彼女の認識に鑑みれば、ソ連への傾斜を実際上は深めつつも非同盟を維持しようとしたのは、それがインドの自主独立外交の砦ととらえていたからに相違ない。

それにもかかわらず、実態としてのソ連依存はあらゆる面で深まった。軍事面では、インドの兵器調達先はかつての宗主国イギリス、あるいはフランスから、ソ連へと完全にシフトし、MiG－21戦闘機をはじめ多くの兵器を輸入した。経済面でも、ルピー建ての決済を認めてくれるソ連とその影響下にある東欧諸国との貿易が増えた。とりわけ輸出の割合は、一九七〇年代前半には二割を超える水準にまで拡大した〔吉田 2001: 39-45〕。政治面でも、中国との関係が冷え込み、もはや同国への配慮の必要性もなくなったソ連は、インドにとってじつに頼もしい存在となった。一九七一年末には第三次印パ戦争をめぐって、ソ連はわずか一〇日間のうちに三度も国連安保理で拒否権を行使し(4)、パキスタン軍の降伏まで時間を稼いでくれた。その後は、インドの意向を受けたソ連の圧力によってカシミール問題は安保理の議題にすら上らなくなる。

しかしこのソ連依存は、両刃の剣であった。一九七九年末からのソ連のアフガニスタン侵攻は、あからさまな主権侵害であり、非同盟運動をリードしてきたインド外交の原則に照らすとまったく容認しがたい行為のはずである。しかしもはや軍事、経済、政治で全面的にソ連に依存し、他の頼るべきパートナーが見当たらないインドとしては、座視するほかなかった。さらに結果論ではあるが、ソ連撤退後のアフガニスタンにおいては内戦を経て、最終的にパキスタン軍統合情報部(ＩＳＩ)の支援するタリバーンが政権を握ることとなった。パキスタンの隣国にその傀儡政権がつくられたわけである。インドの安全保障上の見地からすれば、最悪の展開となった。

冷戦後の「戦略的自律性」の模索

こうしたことから、印ソ平和友好協力条約はインドの外交理念と国益にマイナスであったとする見方も根強い。特定の大国との関係に依存しすぎたことで外交の自主性が損なわれたことに対する反省は冷戦後もつづく。すなわち、インドは東西冷戦終結後も「非同盟」の旗を降ろさなかった。それは前述したように、インド人民党主導による最初の政権であるヴァジペーイ内閣でも基本的に変わらなかった。その後二〇〇四年に政権を奪還した国民会議派が主導するマンモーハン・シン政権は、閣外協力する左翼を切り捨てて米ブッシュJr.政権と原子力協定を結ぶ一方で、非同盟をいわば「リフォーム」してその新たな意義を強調しはじめる。その際のキーワードは「戦略的自律性（strategic autonomy）」である。

戦略的自律性という言葉自体は、核戦略に関連したインドの自由度を表す専門用語として使われることはあった[5]ものの、それを外交概念として明確に用いたのは、おそらく先にも触れた二〇〇七年八月のマンモーハン・シン首相による連邦下院での演説が最初と思われる。ここでシン首相は、原子力協定が「わが国の独立した外交政策を損なうものではけっしてない」と断言したうえで、「わが国は戦略的自律性を保持しつづける」と付言している。アメリカと原子力協力を締結したからといって、インド外交はアメリカの圧力に屈することはない。すなわち、自主独立外交は不変であるとして、その文脈で戦略的自律性概念を用いたのである。

これ以降、マンモーハン・シン政権では頻繁に戦略的自律性という言葉が使われるようになった。戦略サークルやメディアのなかでもこの言葉は現代インド外交のキーワードとして取り上げられた。二〇一二年に元外交官・軍関係者らが民間の研究所から出版した提言書『非同盟２・０』は、その典型である[6]。インドの最初の「大戦略」とも評された同文書は前文において、「これからしばらくのあいだつづくとみられる不安定かつ不確実なグローバル環境において、戦略的自律性を向上させる」ための政策を提言するとしている［Khilnani, et al. 2012: iii］。とくに注目を集め、かつ国内外から落胆と批判も多く寄せられたのが、対米関係に関する記述である。

インドが中国とのあいだでは「直接」競合する利害が多く、アメリカとのあいだでは少ないということに鑑みれば、アメリカこそありうべき同盟パートナーだと結論づけたくなるかもしれない。しかしこう結論づけるのは時期尚早である。

（中略）

アメリカは友好関係のなかで多大な要求を突きつけるとともに、インドの追求する他国との関係に憤りをみせる可能性がある。アメリカに関する歴史的記録が示しているのは、この国と正式な同盟を締結した国は、自らの戦略的自律性を侵食される傾向にあるということだ。インドとアメリカ双方にとって、同盟より友人であるほうが有益であろう。［Khilnani, et al. 2012: 32］

このように、中国を警戒するあまりアメリカと関係を深めすぎ、同盟にまで至ってしまえば、外交の自由度を失いかねないと提言書は警鐘を鳴らしている。冷戦後唯一の超大国となったアメリカとの関係がいくら緊密化しようとも、同盟は回避すべきだということである。同時に、アメリカをはじめとした西側だけに片寄ることなく、ロシアや中国も含め、「多くのパワーと深く広い関係をもつことが、インドの最良の利益」だと推奨されている［Khilnani, et al. 2012: 33］。

実際のところ、冷戦後のインドは、世界のほぼすべての大国や新興国とのあいだで、「戦略的パートナーシップ」関係を宣言してきた。それは、たんなる「友好国」を超えたもので、経済・政治・安全保障のさまざまな領域で、同盟には至らないものの緊密な関係をもつことを意味する。数多くの多様な国々とこの関係を構築できれば、特定のパワー――とりわけアメリカ――の支配から自由になり、戦略的自律性を維持できると考えられたのである。

戦略的自律性という概念は、二〇一〇年代に入ってから広がりはじめた「インド太平洋」戦略ないし構想への対応をめぐっても、重要な意味をもつこととなった。「インド太平洋」という地域概念は、二〇一〇年一〇月のヒラリー・クリントン米国務長官演説と、翌年の同長官による論文［Clinton 2011］を契機として流行し、それに日本やオーストラリアが呼応して支配的言説となっていった。

日米豪が太平洋だけでなく、インド洋への関心を高める動きを強めていることについて、当初インド国内では、インドの戦略的価値が高まるとして歓迎する向きもあった。とくに代表的戦略家のラージャ・モハンは、二〇一二年に発表した新著において、インドがマラッカ海峡の向こう側の西太平洋（南シナ海）へと、中国がインド洋へとそれぞれの関心を拡大するなか、「インド太平洋」という単一の地政学的シアターが生まれ、印中間の競合が激化するとの見方を示した。そこで彼は、インドとしてはアメリカとの関係を強化すべきだとの論陣を張った［Mohan 2012］。

しかし当時のメノン国家安全保障顧問ら、マンモーハン・シン政権の中枢は、対中戦略としての「インド太平洋」論には慎重な姿勢に終始した。メノンはインド太平洋における安全保障アーキテクチャーについて、「多元的、包摂的、かつ開かれた」ものであるべきという見解を示し［Menon 2012］、クルシード外相も、インド世界問題評議会（ＩＣＷＡ）の講演で、「インド太平洋」論をある特定国に対する「バランシング」や「包囲」政策としてはいうまでもなく、アメリカの「アジア回帰（pivot to Asia）」政策の文脈でとらえるべきではないとの立場を示した［Bhatia and Sakhuja eds. 2014: x-xi］。アメリカ主導の「インド太平洋」論とは距離を置くべきだとしたのである。

むろんそこには、対中配慮の思惑、さらには元来インドにとって重要なのは太平洋よりもインド洋だという認識も働いたであろうが(7)、アメリカ主導の戦略に乗ることで、インドの戦略的自律性が拘束されかねないという懸念が「インド太平洋」論への消極的姿勢の大きな要因であったことは疑いない［Gupta 2011; Chacko 2012b］。

モディ政権の「インド太平洋」観

戦略的自律性を強調するあまりそれが目的化し、後ろ向きの政策が展開されたとか［Karnad 2015:16］、戦略的自律性の名の下にアメリカとの関係強化が妨げられてきた［Mohan 2015a: 31］などと批判してきた一部の戦略家のなかには、二〇一四年に成立したインド人民党主導のモディ政権で変化の兆しがみられはじめたことに期待感を示す向きもあった［Mohan 2015b; Abhyankar 2018: 261-362］。たしかにモディ首相は政権発足後まもなく訪米すると、翌二〇一五年一月のインド共和国記念日には米大統領としては初めて、オバマ大統領を主賓として招待した。そして同年九月の初の日米印外相会合において、インドは公式に「インド太平洋」という概念を受容した(8)。アメリカや日本、オーストラリアが掲げる「インド太平洋」戦略ないし構想にインドも一歩踏み込んだかにみえた。

しかしそれは幻想であった。二〇一八年六月、アジア安全保障会議（シャングリラ・ダイアローグ）で基調講演を求められたモディ首相は、インドとＡＳＥＡＮや日本などとの関係強化について触れたのち、つぎのように述べた。

> 東・東南アジアを越えたところでも、わが国のパートナーシップは力強く成長しています。インドのロシアとの戦略的パートナーシップが特別かつ特権的なものにまで成熟したのは、わが国の戦略的自律性を測る物差しであります。［MEA 2018］

前政権期に強調された「戦略的自律性」という概念をあえて持ち出して、インドはロシアや中国との関係も重視していると国際舞台で公言したことが注目された。

さらに演説後半部では、インドはインド太平洋地域を「戦略とも、限定されたメンバーのクラブともみなさない」、「支配を求めるグループとしても、どこかの国を標的にするものとも考えない」とした。そのうえで、インドの考える「インド太平洋」は「自由で開かれた包摂的な地域」であり、これにはその地理的範囲内にあるすべての利害関係国が参画できると明言した（傍点筆者）［MEA 2018］。「包摂的な」という表現は前政権期にメノンが用いた言葉とまったく同じであり、ルールに従うならば中国を排除する考えはないというメッセージである［Madan 2019: 19］。「自由で開かれたインド太平洋（FOIP）」[9]を掲げてきた日米豪も、インドを取り込む必要性から、この主張を受け入れざるをえなくなった。

結局のところ、モディ政権も、アメリカの戦略に乗って対中バランサーを演じさせられたり、さらには封じ込めの同盟を形成することには否定的だった。これまでの政権との違いを指摘できるとすれば、関与への積極的姿勢、すなわち各国とより深い関係を構築することに躊躇しない点であろう。非国民会議派であるうえに新しい世代に属するモディ首相とその政権中枢には、ネルーやインディラの築き上げてきた「非同盟」へのノスタルジーはいっさい感じられないし、その言葉を持ち出すこともない[10]。「非同盟」概念とその核心にあるものとして前政権が強調した「戦略的自律性」が、とくにアメリカを中心とした西側との関係緊密化にブレーキをかける役割を果たしてきたのはたしかである。それゆえ、その概念自体に拘泥しないモディ政権は、日米豪などとの戦略的関係を拡大・深化させやすくなったのだといえよう。

「非同盟」へのこだわりのなさは、モディ政権誕生につながった二〇一四年総選挙時のインド人民党の選挙綱領にすでに明白に示されていた。そこには「非同盟」への言及がないどころか、これまで忌避されてきた「同盟」構築の必要性にすら踏み込んだ記述がみられる。ただし選挙綱領が構築すべきとしたのは、単数形の同盟ではなく、「同盟網（web of allies）」であったことに留意しなければならない。さらにインド外交は「大国の利害によって導かれない」原則に従うとも明記されていた［BJP

2014: 40]。

それは西洋の国際政治学が考える「同盟」とはかけ離れている。すなわち、敵を想定し、それを抑止するための共同対処の枠組みではない。インド人民党とモディ政権による「同盟網」提起の背景には、旧来型の「非同盟」や「戦略的自律性」概念が、特定のパワーへの依存を恐れるあまり、どの国との関係拡大・深化にも消極的になる傾向にあったという問題意識がある。そこでそれに代わって、多方面の数多くのパワーと、より積極的な関係を構築しようと意図したのである。すなわち、全方位型で戦略的パートナーシップを拡大・深化させるという趣旨であった。モディ首相はたしかにG20で日米印の首脳会議に応じた。しかし同じG20の場で、さらには上海協力機構（SCO）やBRICSの首脳会議の場で、中ロとも二国間、三カ国間の首脳会議を開催している。

このようにみれば、旧来の概念からたとえ自由であろうとも、自主独立外交の精神が引き継がれているのは明らかである。ラージャ・モハンは、インドが戦略的自律性にこだわるのは、国力の台頭にもかかわらず、戦略的言説がそれに追いついておらず、過去からの「惰性」に引きずられているからだと指摘する [Mohan 2015c]。モハンをはじめとして、こうした伝統的外交を批判するひとびとからは、インドが「普通の国」に脱皮しきれないことに対する苛立ちが窺える。しかしそうだとしても、なぜ革新的なモディ政権にあっても、「惰性」がつづくというのであろうか。

インドの対外関係においてとくに重要性をもつ米中パ三カ国に対するインドのこれまでの政策を比較分析したバジパイは、結局いずれの関係においても、同盟構造やパワーの非対称性、政治的価値、国内政治といった要因より、インドがいかに主権を確保するかという問題が政策決定に最も大きな影響を与えてきたのではないかと論じる［Bajpai 2015: 23］。『非同盟２・０』の執筆者の一人でもあるサラン元外務次官も、インドの独立以来の外交政策は、「戦略的自律性」の探求が一貫した命題となってきたと指摘する。そのうえで、その手法が冷戦期の「非同盟」から、現在は「多同盟」などと呼ばれるものに変わったとしても、「その目的は変化していない」と結論づける［Saran 2017: 2］。「戦略的自律性」という言葉を使おうが使うまいが、インドはつねに特定のパワーへの依存と従属につながりかねない動きにはきわめて慎重で、高い水準の主権の確保と自主独立外交を追求してきたのである。

（3）「アルタ的現実主義《リアリズム》」の伝統(11)

今日のインドが特定の同盟に依拠しようとしないのは、「戦略的自律性」への固執だけが原因ではない。現在のインドの国力と国際環境に照らしてみたときに、それが最も実益に適うと考えられているからでもある。道義と理念を重んじたという印象の強いネルー外交からすれば想像がつかないかもしれないが、じつはインド外交には、その時々の実利を優先し、プラグマティックに行動することを求める戦略文化も内在する。

モディ首相の最側近として知られるジャイシャンカール外相は、トランプ政権下の予測困難な対米関係について、ドイツのメディアのインタビューでつぎのように述べた。

われわれは、自分たちにまったく友好的でないさまざまな米政権に対処することには、昔から慣れている。われわれのアメリカへのアプローチは、国際政治における多くの問題へのアプローチのしかたと同じだ。つまり、高次の現実主義をもって臨むということだ。結局のところ、トランプ大統領はトランプ大統領だ。われわれインド人はプラグマティックな国民なのだ。（二〇一九年一一月一九日、『デア・シュピーゲル』誌によるジャイシャンカール外相インタビュー、傍点筆者［MEA 2019］）

ここで、ジャイシャンカールがいう「高次の現実主義」の本質とはなにか。インド人が「プラグマティック」となぜいえるのか。

「ダルマ」と「アルタ」の政治

なるほどネルーは、道義を前面に押し出した外交を推進した。それはインドでは「ダルマ（dharma）」の伝統にもとづいたものとして支持された［Jayapalan 2001: 29-30］。ダルマは通常、「法」と訳されているが、正義に適った生き方、善行、おのおのの分に応じた責任といった広範な意味を有する。ダルマを定めたダルマシャーストラ（Dharmashastra）の論書としては、古代インドの『マヌ法典（Manusmriti）』が最もよく知られ、インド社会に根づいている。多様な言語、民族、さらにはカースト制度を含む多くの社会的矛盾を抱えつつも、一定の秩序が保持されてきたのは、ひとびとがダルマに正当性を見いだして生活してきたことと無縁ではない。

ダルマに則った統治をしたとされるマウリヤ朝最盛期のアショーカ王（紀元前三世紀頃）は国策としての戦争を放棄するとともに、ダルマの普及に努めた。ネルーは自身の推進する「平和共存」政策がなんら目新しいものではなく、二二〇〇年前のアショーカ王以来のインドの生活様式そのものであると主張した。ネルーによれば、その理念は「時代を超えてインドが信奉してきた寛容、平和共存、協力のための教訓」となっているという（一九五五年一一月三〇日、フルシチョフ・ソ連書記長らを迎えたコルカタにおけるレセプションでの演説［Nehru 1961: 101-102］）。

ダルマシャーストラはあらゆる営み、すなわち目的のみならず手段も善なることを求める。こうした思想はマハトマ・ガンディーやネルーにも継承された［Appadorai 1981: 32-33］。ガンディーはしばしばダルマシャーストラを引用し、一貫してダルマの成就に努めた［竹中 2018:140-143］。ネルーも一九五六年の国連総会演説で、「手段は目的と同様に重要である。もし手段が正しくなければ、その目的も正しくなくなってしまう。（中略）手段はつねに平和的なものであるべきだ」と主張した［Nehru 1961:179］。

ところがインド史をみると、指導者は民衆にダルマの遵守を説いたとしても自身がダルマに従った統治を徹底して追求することは稀であった。現代にまで圧倒的影響力を有するヒンドゥーの古典物語は、指導者がダルマから逸脱した行動をとることについて驚くほど寛容である。『ラーマーヤナ（Ramayana）』、『マハーバーラタ（Mahabharata）』の二大叙事詩(12)に登場するラーマ神とクリシュナ神は、欺瞞、裏切り、謀殺といった悪しき手段によって善なることを行う英雄として描かれている。すなわち、正義ないしダルマのレトリックを支持しつつも、そこに至る過程については、その規範からの逸脱を許容し、しばしば正当化さえしているのである［Deshingkar 1998: 357］。

ここから、インド政治思想のもう一つの源を引き出すことができよう。実践における実利、「アルタ（artha）」の追求である。ダルマシャーストラが目的と手段の双方の善を説くのとは対照的に、アルタシャーストラ（Arthashastra）は、目的については善でなければならないとしても、手段についてはかならずしもそのかぎりではないことを強調する［Appadorai 1981: 33］。

アショーカ王の祖父で、紀元前四世紀後半にマウリヤ朝を興したのが、チャンドラグプタ王である。彼は次々と周囲の王国を支配下に収め、インド初の統一帝国を築いた。その成功を支えたのが、司祭階級であるバラモン出身の宰相、カウティリヤ（別名チャーナキャ）である。(13)「インドのマキャヴェッリ」――実際にはマキャヴェッリよりもはるかに先だが――とも称されるカウティリヤは、国王が追求すべきなのは、ダルマよりもアルタ、すなわち「国益」であるとの立場を明確にし、その時々の状況にあわせてさまざまな術策――悪しき手段も含めて――を採用すべきであると説いた。それが彼の手によるとされる書物『アルタシャーストラ』(14)である。

『アルタシャーストラ』は、およそ統治のために必要と思われる内外のあらゆる事柄を詳細に論じた、全一五巻からなる大著である。このうち「国家間関係」、戦争や外交を含む「対外政策」についてとくに取り扱っているのは、第六巻以降である（以下、『アルタシャーストラ』からの直接の引用と参照箇所については、慣例にならい、巻、章、項の順に、(AS: 7,2,15) などと記す(15)。

『アルタシャーストラ』の国際政治認識

『アルタシャーストラ』には、「国際関係」とか「国際政治」という用語は用いられていないものの、その概念の萌芽ははっきり確認しうる。ただし、カウティリヤの考えていた「世界」の版図は、地球全体ではなく、ヒマラヤ山脈から「南の海」まで (AS: 9,1,18) のインド亜大陸に限定されていた。すなわち、ここでは異文明の存在は想定されてない。ダルマやカースト制といったアーリヤの社会秩序の範囲内で描かれたものといってよい [Rangarajan 1992: 543]。そのなかで数多くの国家 (＝王(16)) が、「魚の法則」(大きな魚が小さな魚を食う、いわゆる「弱肉強食」のこと) のもとで、絶えざる「神経戦」を強いられているというのが [Bozeman 1960: 123]、カウティリヤの「国際社会」観である。ボウズマンによれば、こうした「魚の法則」の原則は、南アジアはもとよりインド化された東南アジアにも影響を及ぼした [Bozeman 1971: 135]。

カウティリヤは、いずれの国家にとっても、他の諸国が自らのまわりにマンダラ的に広がっているのが常態であると述べる (図参照)。自国と境界を接する隣国は、本質的には「敵対者」と認識される (AS: 6,2,14)。もちろん、隣国がすぐに「敵」そのものになるといっているわけではない。たとえば当該隣国が災禍に陥っていたり、支援者がいなかったり、あまりにも弱小な場合には、自国に対して「友好的」あるいは「隷属的」な態度を示してくることもあろう [Rangarajan 1992: 551]。ときには、

カウティリヤ『アルタシャーストラ』における国家間のマンダラ概念図

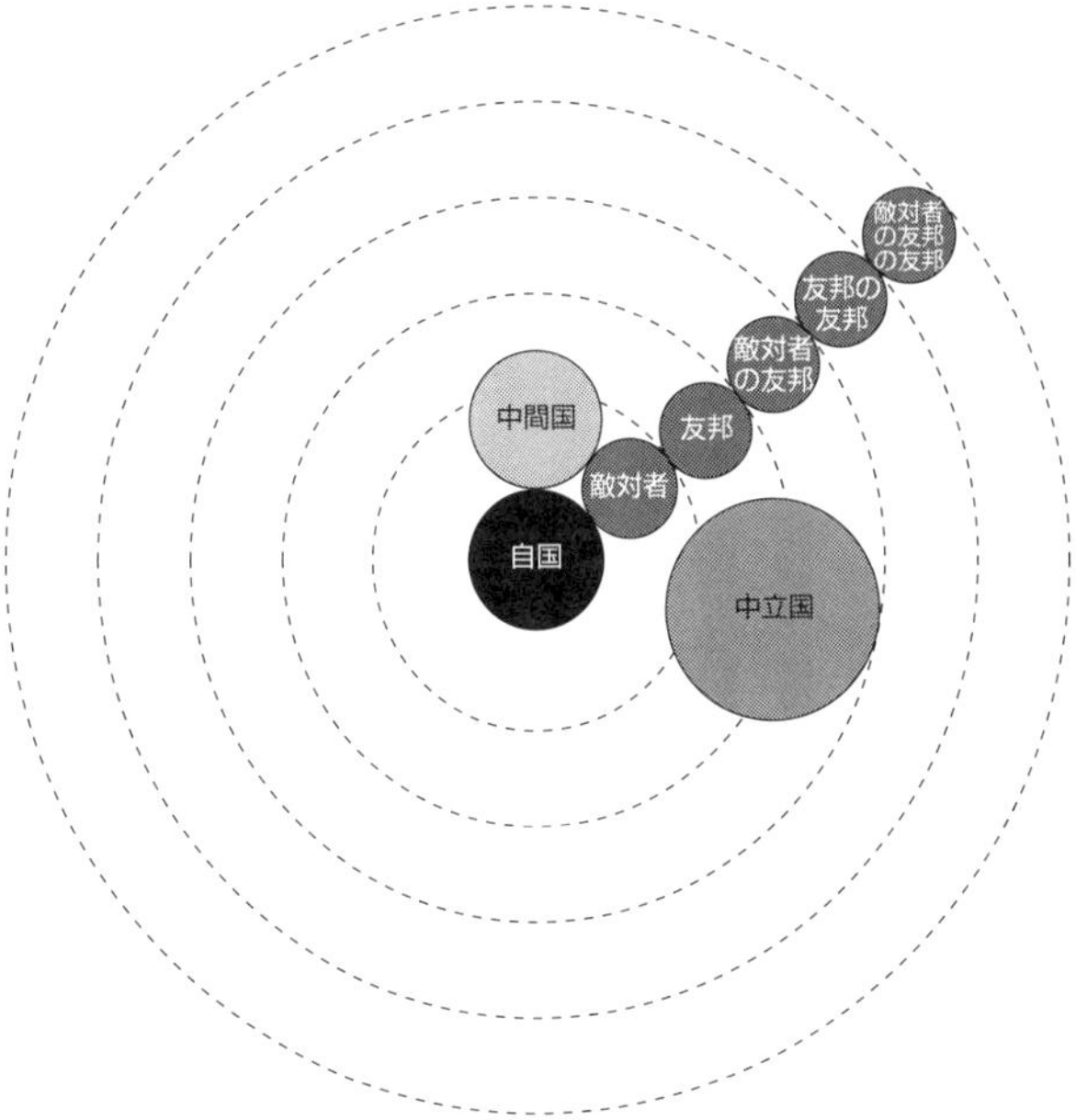

[Rangarajan 1992: 557; Bozeman 1960: 122等をもとに筆者作成]

自国と敵対国とのあいだにきわめて弱小な「緩衝国」が介在する可能性も指摘されている（AS: 7,13,25）。しかしながらいずれの国家にとっても、隣国との関係は究極的には敵対的なものであり、最大の関心事とならざるをえない。

隣国の向こう側に位置する隣々国は、隣国のマンダラの見地からいえば、「敵対者」になるがゆえに、自国の「友邦」になりうる（AS: 6,2,15）。ここからは「敵の敵は友」という発想を読みとることができよう。同様の論理から、隣々国の向こう側には「敵対者の友邦」が、さらにその向こう側には、「友邦の友邦」が、とつづいていく（AS: 6,2,18）。このほか、自国と敵対的な隣国の双方に接し、比較的強力な国として描かれているのが「中間国」（AS: 6,2,21）、自国と隣国のいずれにも接さず、いっそう強力なのが、「中立国」（AS: 6,2,22）である。

『アルタシャーストラ』を国際システムの見地から紹介した数少ない国際政治学者モデルスキーは、マンダラの敵・味方の連鎖を「チェッカー盤モデル」とよび、「中間国」や「中立国」の設定を、単純な二極システム的発想と比較しつつ高く評価した［Modelski 1964: 555］。ここには、西洋的な「国際法」や「国際機構」といった考えはなく［Bozeman 1971: 128］、「国際秩序」には無関心であるようにみえるし、またそうしたものが追求されるべき国際的道義とも考えられていない。けれども、諸国からなるマンダラが、後述するように、一国の過度な行動を抑止するバランス・オブ・パワー的な機能を結果として果たす可能性はある［Modelski 1964: 557］。

それでも、国家間の協調や団結といったものは、持続的・安定的なものではけっしてありえない。たとえば、隣接する「敵対者」を征服した場合には、かつての「友邦」が——新たに国境を接するがゆえに——今度は、「敵対者」になり、これとあわせて他国との同盟関係も一変する［Rangarajan 1992: 743］。この意味で、「国際秩序」はたとえあるとしても、きわめて脆弱で移ろいやすく、各国にとっては結局のところ、マンダラを活用しつつ自ら対外戦略を展開する必要性が強調されることになる。

カウティリヤの洞察は、国家間関係にとどまらず、国家の内部にも及ぶ。いずれの国家も、王のほか、大臣、地方、城塞都市、国庫、軍隊という要素から構成されているのであり、それぞれが味方の、敵対者の、中間国の、また中立国のマンダラの構成要素となる（AS: 6,2,24-29）。このようにマンダラ・モデルでは、単純な国家間関係論を超えたはるかに複雑な関係が想定されており、これを前提に外交・軍事活動のあり方が論じられている。

『アルタシャーストラ』の対外政策

『アルタシャーストラ』では、王は、自国の安全と発展を追求し、最終的には「世界」を支配すべきものとして描かれている。そのためにいかなる対外政策を採用するかの選択にあたっては、マンダラにおける自国と他国とのパワー（軍事力のみならず、知力や志気も含まれる）の慎重な比較考量が必要となる。くわえて自国と相手国の国内構成要素の動向（大臣や臣民の忠誠度、災禍に陥っていないかどうか等）、同盟関係なども考慮に入れなければならない［Rangarajan 1992: 543; Reddy 2004: 80; Mehta 1996: 96-97］。そのうえで、状況に応じて「六計」すなわち、（1）条約による和平（Samdhi）、（2）戦争行為（Vigraha）、（3）休止（Asana）、（4）進軍（Yana）、（5）他国への庇護要請（Samsraya）、（6）二重政策（Dvaidhibhava）といった具体的政策が選ばれる。これらを中心に、自国の軍隊、国庫などはいうまでもなく、同盟・従属国、傭兵、外交官、スパイなどなんでも利用して行動すべきだという［Rangarajan 1992: 550］。

最も基本的な原則は、自国と対等もしくは優勢な相手とは「条約による和平」を結び、自国よりも劣勢な相手とは「戦争行為」に入るべきだ（AS: 7,2,2）というものである。この「戦争行為」には、通常の戦争だけでなく、スパイや女性を使って相手の内部の諸要素を分断すること（AS: 11,1,6-55）も含まれる。ただし「戦争行為」や、その準備のための軍事動員としての「進軍」には、さらに慎重を期さねばならない。これは道義的見地からの主張ではなく、「戦争行為」や「進軍」にともなう人的・物的コストの大きさゆえである（AS: 7,2,2）。したがって、たとえ弱小な相手であっても、すでに完全に服従していれば、かならずしも「戦争行為」に入る必要はないし、得られる利益が公正な場合には、「条約による和平」で十分ということになる（AS: 7,8,34）。

またたとえ開戦後であろうと、和平を結んだ後であろうと、相手を打倒しえない状況であるなら、とりあえず「休止」して様子をみることも必要となる（AS: 7,4,4）。もしパワーが決定的に欠けている場合には、強力な他国への「庇護要請」を行うべきであり（AS: 7,1,17; 7,2,6; 12,1,1-9）、やみくもに討ち死にすべきではない。とはいえ全面服従してしまうことにもカウティリヤは否定的であり、つねに立ち上がる機会を模索しなければならないとしている［Rangarajan 1992: 544, 662］。「庇護要請」を求めなくとも、他国の助けを借りることで征服が可能になるならば、一方で和平を結びつつ、当面の敵と戦う「二重政策」が好ましいという（AS:7,1,18; 7,2,4）。

さらに攻撃を行う際には、とくに「有徳でない王」を相手にすることが望ましいとされる（AS: 7,5,1-18）。これも正義の見地からではなく、そのほうが国内の諸構成要素や「敵の友邦」が相手の王に味方する恐れを小さくさせ、逆に攻撃を支持して寝返ってくれる可能性さえ期待できるからだという（AS: 7,13,11-12）。

以上のように、戦争はたしかに「政治の延長」として受容されているものの、あくまでも最小限のコストで確実に利益をあげうるという見通しがなければならないことが強調される。くわえて便宜上、ダルマ的な理念を支持獲得のためのレトリックとして掲げることはあるかもしれないが、それを真の目的として戦うということはありえない。さらに、「条約による和平」は、「国際平和」といった理念とはまったく異質のものであり〔森 1981: 138〕、戦術としてとらえられていることに留意しなければならない。「敵対者」との和平も、パワーを蓄積しておくための一時的措置とみなされているのであり、情勢が自らに有利に転じれば、いつでも躊躇なく破棄することが推奨される〔Rangarajan 1992: 552〕。和平を含め、「六計」はあくまでも、「世界」支配のための手段なのである。

「六計」は、諸国のマンダラが織りなす関係性のなかで展開されねばならない。カウティリヤは、マンダラを車輪のようにとらえ、友邦を自国に引きつけることで両側から敵を苦しめたり、殲滅することを目指す（AS: 6,2,40; 7,13,37-41）。一方、より強力な中間国やさらに強大な中立国に対しては、当面の敵の打倒に有益ならば和平を結びつつ、しかし同時に、自らの同盟構造に有害とならないよう、油断することなく自らの友邦を決起させたり、中間国／中立国をそれぞれの友邦から離間させる工夫が必要となる。あるいは、諸国のマンダラそのものに訴えかけ、中間国／中立国の脅威を声高に唱えることで、諸国にこれらを抑制するバランス・オブ・パワー的な政策を促す道もある（AS: 7,18,5-11）。いずれにせよ最終的には、中間国や中立国も含めて、諸国を軍事的、非軍事的な手法で制圧し、「世界」の支配を実現しようとするのである（AS: 13,4,54-61）。

以上のように、『アルタシャーストラ』にあっては、各国が世界支配という最終目的のために国益の増進を図るならば、まず、マンダラという国際システムのなかでのおのおのがもつパワーと現状の正確な分析が対外政策の基本指針となる。このとき、適切な政策が選択・履行されれば、自国のパワーとマンダラにおける地位が向上するものと考えられる［Rangarajan 1992: 552］。そこで採用される手法には善悪の別はなく、ただ諸国のマンダラとその構成要素が、自らの発展を妨げるほどに歯向かうことのないかぎりにおいて、なんでも正当化されうる。この過程では、ダルマの履行は微塵も考慮されていない。「世界」におけるダルマは——支配地域で臣民に守らせているように[17]——、「世界」を手中に収めたあとでようやく実現可能となるにすぎないのである（AS: 13,4,62）。

「アルタ」の政治の継承

われわれの「ガンディー」像や「ネルー」像のなかではしばしば埋没しがちであるが、このようにアルタにもとづく政治の伝統は、古代からしっかりとインドに根を下ろしてきた。じつは、ダルマが前面に押しだされたマハトマ・ガンディーやネルーの時代にあっても、アルタの政治は影響力をもっていた。

ディクシットによれば、サルダール・パテールこそがその体現者であった。「インドのビスマルク」とも呼ばれるパテールは、ガンディーらとともに独立闘争を戦い、国民会議派の組織固めに貢献するとともに、独立後も一九五〇年に死去するまでの短期間ではあったが、ネルーのもとで副首相と内相として独立インドの国家基盤形成に尽力した。ちょうどアショーカ王のダルマにもとづく政治が、カウティリヤとチャンドラグプタ王のアルタ追求による「世界」支配（＝帝国完成）後に実現したように、パテールによる諸藩王国のインド編入[18]や強力な官僚機構構築が、ネルーの「理想主義」外交を可能にしたのである［Dixit 2003: 24-27］。この点で、ダルマとアルタはじつは相補的な関係にあるといえよう。

ネルー政権後、軍備増強を進め、ソ連との事実上の同盟と呼ばれる関係を築いたインディラ・ガンディーは、ネルーの非同盟運動による世界変革の理念などを受け入れつつも、南アジア域内ではカウティリヤのマンダラ的なモデルを引証する傾向が強かった。コーエンによれば、インディラはインドを取り巻く諸国をことごとく敵とみなしていた。たとえばバングラデシュ、ネパール、スリランカといった小国は主要国の手先になろうとしていると考え、中国とパキスタンは、インドに直接立ち向かおうとしていると信じ込んでいた。これら隣接諸国は、武力行使や反インド勢力への支援をつうじて、インドに安全保障上の脅威を突きつけるとともに、インドの地域支配力の弱体化を狙っているというのである［Cohen 2001=2003: 72-73］。隣国を敵視し、その向こう側の「隣々国」（アフガニスタン）や、より強大な「中立国」（ソ連）との関係を強化する政策は、まさに『アルタシャーストラ』のマンダラ的な世界観を想起させずにはおかない。

パキスタンのある退役軍人は、『アルタシャーストラ』が、友好と同盟を「一時的」なものとしかみなしていないことを強調したうえで、後の攻撃に有利になるように「敵対的な隣国に対し一時的な友好の手をさしのべる」[Umer 2004]（傍点筆者）――間違いなく二〇〇三年四月にヴァジペーイ首相が述べた「パキスタンに友好の手をさしのべる」というメッセージを念頭に置いたものと思われる――というインドの伝統に警戒心を隠さない。『アルタシャーストラ』現代語訳版を発表したインド外交官出身のランガラジャンも、『アルタシャーストラ』で展開される対外政策分析が、普遍的で時代を超えた妥当性を帯びていると解説する[Rangarajan 1992: 545]。

にもかかわらず、カウティリヤが、インドの国際政治学者や外交関係者によって取り上げられることは稀であった。西洋の理論に支配されたインドの国際政治学では、大学のコースやシラバスのなかにカウティリヤが組み込まれる余地がなかったからである[Behera 2007: 352]。しかし、土着の国際政治学を発掘しようとする近年の動きのなかで、インド国内では二〇一〇年頃からカウティリヤに注目する動きが強まっている。メノン国家安全保障顧問は二〇一〇年のインド国防大学での講演でカウティリヤを最初の「現実主義者」と位置づけてその意義を論じた[Menon 2010]。その後、メノンはインド国防問題分析研究所（ＩＤＳＡ）が開催した「カウティリヤに関するワークショップ」でも基調講演を行った[Menon 2012]。

「アルタ的現実主義《リアリズム》」の発達

この古代の政治論は、インドに独特の「現実主義」観を発達させた。現代インドの戦略エリートは、しばしば「現実主義」を称賛し、それにもとづく外交を展開するよう主張する。しかし「現実主義者」を自認する者の推奨する具体的政策をみると、そこには信じがたいほどの幅がみられる。

一方には、中国やパキスタン、バングラデシュといったマンダラにおける隣国の脅威を唱え、それらに対してはインドの軍事力で威嚇し、ときには軍事行動に踏み切るべきだとの強硬論が存在する。こうしたことを主張するのはインド人民党の支持母体である民族奉仕団（ＲＳＳ）のような他者排斥型の過激なヒンドゥー・ナショナリズムに依拠する「復興主義者」[Cohen 2001=2003: 74-81]や、「ヒンドゥートゥヴァ（ヒンドゥー至上主義）」の信奉者[Bajpai 2014: 128-147]だけではない。純粋に世俗的な立場から、そもそも国家というものは、国益と安全保障の確保のためには究極的には単独で行動するほかなく、友好関係や同盟構築に長期的な信頼を置くべきではないと主張する、カルナードやチェラニーのような「超現実主義者」[Bajpai 2002: 245-302]も存在する。

「現実主義者」の他方の極には、インド人民党の元外相ジャスワント・シンや、インド人民党に近いラージャ・モハンらの「保守的現実主義者」[Cohen 2001=2003: 74-81]、あるいは「新自由主義者」[Bajpai 2002: 245-302]が位置する。経済成長を重視する彼らは、グローバリゼーションのもとでの経済自由化や、これまで及び腰であったアメリカとの関係強化を推進しようとする。さらには状況によっては、中国やパキスタンといった伝統的な「敵対者」とも経済的・人的交流等を進めていく可能性を否定せず、それがインドの利益になるのだと強調する。

「敵対者」への直接的パワーの行使をためらわない前者はともかくとして、相互依存の利益を説く後者が「現実主義」の範疇に入れられることには違和感を覚えるかもしれない。しかしここにこそ、インドにおける「現実主義」言説の特徴がある。

すなわち、現代インドにおける「現実主義」なるものは、古代にカウティリヤが『アルタシャーストラ』で詳述したような、国益追求のための軍事・非軍事的なあらゆる方策の総体として解されているといってよい。その意味で「アルタ的現実主義《リアリズム》」と名づけることができよう。実際のところ、たとえば「現実主義に立脚して（パキスタンとの）対話を進める」（シン首相の記者会見、*The Hindu* Sep. 5 2004）といった表現は頻繁に用いられる。

また「現実主義」とともに、プラグマティズム（pragmatism）という名詞、あるいは「現実主義的な」とともに、「プラグマティック（pragmatic）」、「プラクティカル（practical）」といった形容詞が、並列的に、また互換的に使われることも多い。たとえばラージャ・モハンは、これらの語をすべて同義として互換的に用いている［Mohan 2003: xv, xxi］。またラーガヴァンは、現代インドが「『現実主義的』プラグマティズム」をその政策に導入しつつあると論じた［Raghavan 1998: 503］。こうした用語の「混在」は、インドの伝統に照らせば、至極自然なことであろう。

この点で『アルタシャーストラ』が、同時代の中国の古典である孫子の『兵法』に比べて、国益と安全保障追求のためのはるかに包括的な術策を論じていたことは注目されてよい［Raghavan 1998: 502］。このアルタの政治の伝統に従うならば、パキスタンに対し二〇〇二年夏に開戦を辞さないとして「強制外交」を展開したにもかかわらずその一年後に「友好の手」をさしのべたことも、国境戦争で辛酸をなめさせられた中国に対し国境交渉や経済交流を進めたことも、さらにはかつての非同盟政策から一転してソ連に傾斜したことも、冷戦後にアメリカをはじめとする西側諸国に接近したことも、それぞれなんら矛盾は生じないのである。そこではアルタという国益の追求が第一義的目標であり、そのためには戦争（調査分析部（ＲＡＷ）による謀略から印パ・印中戦争に至るまで）も、和平・融和・交流政策も、臨機応変に採用されるべき手段にすぎないからである。

しかしながら、インド政治のもう一つの伝統、すなわちダルマの政治は、規制なきアルタ的現実主義《リアリズム》には抵抗する。もしインドが「理想主義」から「現実主義」に転換したというのであれば、そうした姿はもはや過去のものとなったはずである。

けれども、さまざまな事実に照らしてみて、インドがダルマを排除したアルタ的現実主義《リアリズム》を躊躇なく追求するようになったとはとうてい思えない。二〇〇三年三月にはじまったアメリカのイラク攻撃に際し、ヴァジペーイ政権はアメリカとの戦略的関係を重視するというアルタ追求の見地から、アメリカを名指しして非難することは避けた。しかし単独行動主義によるイラク攻撃を支持することはなく、攻撃は正当化しえず、国連の枠組みに従って行動すべきだと強調した［伊藤 2003: 21-23］。さらにアメリカからの再三の要請にもかかわらず、占領統治と治安維持のための軍派遣を拒みつづけた。モディ政権も、米軍の拠点であるディエゴ・ガルシア島を含むチャゴス諸島の領有権問題では、米英の説得に応じず、モーリシャスの主権を支持する立場を示した。インド洋での対中牽制や対米関係を重視するのであれば、ありえない選択であるが、それよりも「脱植民地化を支持するという世界秩序観」［溜 2020: 214］を優先したのである。純粋なアルタ的現実主義《リアリズム》に徹しきれないインドがここにある。

しかしアルタ的現実主義《リアリズム》が最も顕著にあらわれる場は――『アルタシャーストラ』が規定した「世界」とほぼ一致するのだが――、インド文明の影響下にある亜大陸においてであろう。ここでは、インドを中心とした南アジアのマンダラのなかで、自国の優勢な地位を維持しつづけることが至上命題となる。周辺国に対してインディラ・ガンディーがとった武力行使策や軍派遣といった高圧的対応と、グジュラールの「善隣外交」や見返りを求めない「非相互主義」の融和的対応のあいだには、マンダラにおける敵対的な隣接諸国を「敵」とみなして攻勢をかけるか、敵対的な隣接諸国を「友邦」に変えようとするかという違いはある。しかし、インドの地域支配体制の維持という点では共通性をもっている。周辺国がインドに「飲み込まれる」のではないかと脅威を感じる所以である。

以上のように、指導者による違いだけでなく、インドにとっての場の違いによってダルマとアルタの力点の置き方は異なる。しかし重要なのは、たとえダルマのレトリックに覆われていようとも、インドがその対外政策においてアルタという国益を追求してきたという事実である。

バスルールは、冷戦期のインドでさえ、その理想主義や道義的なレトリックは、弱者ゆえの「攻撃的現実主義」を覆い隠すための表面的な装置にすぎず、プラグマティズム外交であったと主張する[Basrur 2014: 179-180]。たしかにネルーの中国に対する融和策としての「平和五原則」は、結果的にみれば功を奏さなかった。しかしそこには、広瀬崇子が早くから看破していたように、強大な中国に軍事力だけで対抗することは困難であるという合理的計算が働いていた[広瀬 1981: 44-60]。要は、ネルーが中国の意図を読み誤ったにすぎない。

したがって、ネルーがダルマの理念的伝統のほうに引き寄せられていたとしても、彼のなかに、インド政治思想のもう一つの伝統としてのアルタ的現実主義《リアリズム》が存在しなかったわけではけっしてない。大国であるとの自負心と自主独立外交を運命づけられた新生インドの首相として、ネルーが「非同盟」を選択したことも同様の見地から理解できよう。当時のインドのハードパワーと国際環境を踏まえれば、非同盟政策と非同盟運動はカウティリヤが推奨した政策からかけ離れているわけではなく、ネルーなりの精一杯のプラグマティックな政策であったといえる。

このように、古代インドの遺産は、ネルー以来の西洋化されたかにみえる指導者をはじめとするエリート層の意識下の思考様式として、「現実主義」あるいは「プラグマティズム」という言葉で語られる独特の「アルタ的現実主義《リアリズム》」を発達させてきた。どんな相手であろうと国益の観点から臨機応変に対応することができる。ジャイシャンカールの誇りと自信は、インドの伝統に由来したものなのである。

（1）もっとも、その後の交渉はインド側が価格のみならず、技術移転や現地生産に過度にこだわり難航した。ようやく二〇一六年になってとりあえず完成品として三六機を「輸入」する契約が結ばれた。

（2）他の三つの枠組みには中国は加盟国として加わっていない。

（3）しかもインド外務省は、この「公文テキスト」については、ウェブサイト上でも、協定本体とは別の「注釈」として、小さく扱うにとどめた（https://mea.gov.in/outoging-visit-detail.htm?27597/List+of+AgreementsMOUs+ex

changed+during+the+visit+of+Prime+Minister+to+Japan）。さらにこの文書は、単なる「記録」にすぎず、法的拘束力すらないとの立場を示した。

（4）第三次印パ戦争は一九七一年一二月三日に開戦し一六日までつづいた。ソ連は一二月四日、五日、一三日に安保理で決議案への拒否権を発動した。決議案の内容については国連のウェブサイトを参照されたい（http://research.un.org/en/docs/sc/quick/）。

（5）たとえば、二〇〇〇年二月二三日、ナラヤナン大統領はインド連邦議会での演説において、世界の核軍縮の動きへの対応に関し、「政府としては多国間の軍縮イニシアティブや諸条約に対処しつつも、インドの戦略的自律性を保持する必要性に従いつづける」として、核を放棄しない姿勢を鮮明にした［Lok Sabha 2000: 249］。

（6）『非同盟2・0』については、堀本［2015b: 251-266］が詳しい。

（7）二〇一三年三月五日、オブザーバー研究財団でのラージャ・モハンの出版記念シンポジウムに招かれたメノン国家安全保障顧問は、印中の海洋における競合は必然などではなく、そもそも問題状況の異なるインド洋と太平洋を単一の安全保障空間としてとらえることも妥当ではないと、モハンの議論を全面的に批判した（https://www.orfonline.org/research/nsa-releases-samudra-manthan/）。

（8）外相会合後の共同メディアノートは、「インド太平洋地域におけるそれぞれの利益の一致の増大」を確認し、とくに南シナ海を含む領域の、国際法、紛争の平和的解決、航行・上空飛行の自由、阻害されない法に従った通商活動の自由を、強調した［MEA 2015］。

（9）たとえば、二〇一八年一一月、シンガポールで行われた「日米豪印」高級事務レベル対話での日本外務省の報道発表には、「自由で開かれ、包摂的なインド太平洋地域に対する共通の支持に基づく、四か国の相互補完的なビジョンを強調しました」とある［外務省 2018a］）。

（10）モディ首相は二〇一六年、二〇一九年の非同盟諸国首脳会議をつづけて欠席した。インドの首相が同会議を欠席するのは初めてだった。

（11）本節は伊藤［2015a: 103-119］をもとに、大幅に加筆修正したものである。

（12）原典を読む者は少ないが、口承や絵本、テレビドラマとして現代インド国民のあいだに広く普及している。

（13）当時はこのようにバラモンが、クシャトリヤ（王侯・武士階級）出身の王に顧問としてさまざまな助言や指導を与えることが一般的であり、軍の権限はその意味で抑制されてきた［Cohen 2001=2003: 29］。今日に至るインド文民統制の伝統ともいえよう。
(14) カウティリヤ自身ではなく、後になってカウティリヤの意を汲む他の人物によってまとめられたとの学説もあり、直接の作者ははっきりしない。しかし今日のかたちになったのが紀元前後であることは間違いないといわれている。
(15) これらの表記は、サンスクリットで書かれたカウティリヤ研究に共通のものであり、代表的なカングレーの英訳批判版［Kangle 1969］、ランガラジャンの現代英訳解説版［Rangarajan 1992］、また邦訳版［上村 1984］でも踏襲されている。
(16) 日本で国際関係思想の見地からカウティリヤを初めて紹介した森利一は、「王」という言葉で「国家」を表現したところに、インドの、さらにはアジアの特異性がみられると解説している［森 1981: 135］。
(17) 国内においては、カウティリヤは、「魚の法則」による争いを防ぐために、王権の必要性とダルマを臣民に守らせる必要性を説く。
(18) イギリス支配下のインドには、イギリスが直接支配する地域のほかに、半独立的な五六〇以上の藩王国が存在しており、独立時にはその統合が課題となった。

第3章　外交政策を制約する構造はなにか

（1）脆弱な国民国家[1]——エスニック分離主義への対応

大国志向と自主性へのこだわり、そしてプラグマティズムがインド外交のＤＮＡとして、その戦略文化を構成しているとしても、それだけで実際の外交政策をとらえ、説明することはできない。自らの大国化と自主性を実現・確保するためにプラグマティックに行動しようとするならば、インドという国家が、国際関係のアクターとしてもつ、その特性と国力にもとづかざるをえないからである。

まず「国民国家（nation-state）」としてのインドの脆弱性に目を向ける必要がある。インドを、「脆弱」と呼ぶのには違和感を覚える向きもあるかもしれない。なるほどインドは、まだ「世界大国」には至らないとしても、「地域大国」であることは疑いようもない。それゆえ、フランスやドイツ、あるいは日本と同じような国際政治のアクターとみなしたくなる。

しかし支配的な国際政治学の陥穽は、まさにこの点にこそある。理想主義にせよ現実主義にせよ、その分析の基軸は主権国家間関係に置かれてきた。むろんその主権国家の性質を問う議論がまったくなかったわけではない。ブザンの「弱い国家」・「強い国家」論が主張したように、国家概念や国家機構の強弱には違いがあり、同列に論じられないことはこれまでも指摘されてきた［Buzan 1983］。しかしそもそも、統治・権力機構の総体としての国家が正統性の根拠とする「国民国家」の信憑性に大きな違いがあり、その違いが対外行動にどれほど決定的な差異をもたらすのかについては、最近に至るまで国際政治学者たちが十分な注目を払ってきたとはいいがたい。現代国際関係における主権国家が、それぞれ一枚岩の同質的な「国民」で構成されるととらえる西洋理念型の影響は根強い。

しかしインドの現実は、西洋で想定されてきたような国民国家とはまったく異なる。インドという広大な国境線の枠内に散らばるひとびとの宗教、言語、文化的伝統、歴史観はきわめて多様かつ多元的である。同時に、周辺国との関係でいえば、国境を横断する非国家単位（エスニック集団など）の結びつきも無数にみられる。支配的国際政治学が前提とするように統合の進んだ単一の「国民」からなる西洋国民国家を理念型とするならば、インド中央の政治指導者が自らの運営する「国民国家」の信憑性を疑い、その脆弱性を認識したとしても無理はあるまい。

これに対し、インド人研究者のあいだでは、ウエストファリア体制を理念型とみなしてきた支配的国際政治学の前提を問い直し、外交、とくに安全保障に及ぼす「国民国家」内部の要因に目を向ける動きが冷戦後から徐々にみられるようになった。アメリカの大学で教鞭をとるチャダはその先駆者といえよう。彼女は伝統的な国際政治学を、西洋型の安定的な国民国家とはまったく異なるインドのような第三世界の国々に適用することはできないと断ずる［Chadda 1997: 203］。デリー大学のベヘラも、ウエストファリア体制型の国民国家を複製することをやめ、南アジアの実態に合うような国家の形態そのものの問い直しが必要だと早くから指摘してきた［Behera N.C. 2002: 19-21］。国際政治学の大半は当然のように、国家を所与の単位とみなしているが、じつは南アジアにおいては、国家の性質そのものが地域の安全保障のジレンマに影響を及ぼしているのではないか、という問題意識がベヘラの念頭にはある［Behera 2008: 27］。南アジアの国家の特性を「弱い国家」と位置づけて比較分析したポールは、インドは南アジアのなかでいえば、「強い国家」の部類に入るとしても、総じていえば「弱い国家」であるとして、地域の国家間規範の弱さとも相俟って、市民に対し多面的な危険を創出していると結論づけている［Paul 2010: 3-27］。

インドのこの国民国家としての脆弱性はその外交にどのような影響を与え、政策を規定してきたのであろうか。インドは幾たびも国内の多様な集団から挑戦を受けてきたが、とりわけ対外関係で問題になるのは、チャダが注目したように、国内のエスニック紛争への対処である［Chadda 1997］。

スリランカ内戦とタミル・ナショナリズムの高揚

スリランカのエスニック紛争に対するインドの反応は、その好例である。考慮に入れねばならないのは、スリランカとポーク海峡を隔てて隣接するタミル・ナードゥ州の政治動向である。

スリランカで一九八〇年代以降、多数派のシンハラ人に対する武装闘争を先鋭化させたタミル人と、インド南部のタミル・ナードゥ州のタミル人は同じ言語を話し、エスニック上のつながりがある（と信じられている）。スリランカのタミル人のおよそ八割はヒンドゥー教徒でもある。古くからこの島に暮らす「スリランカ・タミル人」にくわえ、イギリス植民地時代に茶園の労働力として移住した「インド・タミル人」と呼ばれる集団を合わせると、スリランカの人口の二割近くに達し、スリランカ最大のマイノリティを形成する。

スリランカの支配集団である仏教徒のシンハラ人がタミル人を脅威と認識するのは、すぐ海の向こうには巨大なタミル・ヒンドゥー社会が広がっているからである。自らの住む島においては多数派であっても、南インド世界では圧倒的な少数派だという意識がシンハラ人には強い。シンハラ人の二大政党が競うようにしてシンハラ優遇策を掲げるなか、疎外感を強めたタミル人の一部が武器を取り、紛争は過激化していった。一九八三年七月にコロンボで起きた反タミル人暴動を契機として、スリランカの内戦がはじまった。

この展開を受け、インドのタミル・ナードゥ州内では同胞を救うよう求めるエスノ・ナショナリズムが高まった。そもそもインドの南部には、アーリヤ系のバラモンを中心とした北部に対する対抗意識があり、それはインドの独立運動時にすでに顕在化していた。独立後も北部のヒンディー語使用の押しつけに強く抵抗し、一九五〇年代にはタミル人が主導して南部のドラヴィダ系住民を結集させようとする動きもみられた。

この運動自体は、ネルー政権が言語別の州再編を進めたおかげで、しだいに沈静化していったものの、スリランカにおける紛争を前に、タミル・ナードゥ州の二大地域政党であるドラヴィダ進歩連盟（DMK）と全インド・アンナ・ドラヴィダ進歩連盟（AIADMK）は、いずれも選挙政治に利用するため、ふたたび州民のエスノ・ナショナリズムを煽った。さらには、スリランカのタミル人過激派への支援すらアピールする。たとえば、AIADMKがタミル・イーラム解放の虎（LTTE）を支持すれば、DMKがタミル・イーラム解放機構（TELO）という別の過激派を支持し、州内での過激派の保護・育成が半ば公然と行われる有様であった［Wilson 1988: 204］。それればかりか、連邦政府に対してはタミル人救済のためのスリランカへの介入を強く求めたのである。

一九八七年六月、ラジーヴ・ガンディー政権は、スリランカ政府軍の攻勢によって孤立したタミル人居住地域の北部に当たるジャフナ半島に、食糧・医療空輸を行った。スリランカ政府の許可を得ないままの「人道的立場」からの介入は、タミル・ナードゥ州からの再三にわたる要請に応えたものであった［Smith 1999:19-20］。当時の駐印スリランカ大使の証言によれば、彼が政府軍の作戦についてラジーヴに面会して説明した際には、首相は理解を示していたが、タミル・ナードゥ州首相ラーマチャンドランの強い圧力を受けて姿勢を変えたという（*Business Standard*, Dec. 17 1997）。インドはその翌月にはインド・スリランカ和平協定を締結し、タミル語の公用語化や権限移譲の推進などをスリランカ政府に約束させた。さらにこれを実現できる環境を整備すべく、部隊を派遣してスリランカの内戦を終わらせる役割をインドが引き受けることを宣言する。

当時、駐スリランカ大使を務めていたディクシットは、インドの介入の動機のなかに、なにもしなければインドの統一が保てなくなるとの懸念があったことを認めている。

われわれはインド国内の五〇〇〇万人のタミル人の感情を尊重しなければならなかった。スリランカのタミル人の大義を支持して立ち上がらないということにでもなれば、われわれは自国のタミル人の側に立っていないということになってしまう。万一そんなことにでもなれば、タミル人の精神、潜在意識のなかに、「わたしたちの思いのうちにある非常に強い感情が尊重されないのなら、インド人という大きな政治アイデンティティに加わっていることになにか意味や妥当性があるのか」という疑問が生じる。したがって衝動強迫になる。合理的な動機ではないのだが、選挙で選ばれるわが国のいかなる政府も、この衝動強迫から免れることはできない。（一九八九年三月一〇日、インド統合戦略研究所（ＵＳＩ）での講演［Dixit 1989: 250-251］）

その後に出版した著書でディクシットは、すでにインディラ・ガンディー首相のときに、インディラ自身が「インド国内のタミル人の感情を尊重しなければインド自体の統一と領土保全に影響を及ぼしかねない」との危惧を抱いていたと明かしている［Dixit 1998b: 17］。連邦政府がタミル・ナードゥ州の意向を無視すれば、かつてのドラヴィダ運動を再燃させ、インドという「国民国家」の分裂につながりかねない。インドのタミル人支援の背景にはそうした懸念があった(2)。

他方でインド連邦政府としては、スリランカ分離主義勢力が「タミル・イーラム」として完全に独立するような事態も絶対に回避する必要があった。宗教・言語・エスニック集団の違いを理由に隣国の分離運動を安易に支持することは、政教分離主義（セキュラリズム）や多様性に立脚したインドの民主主義そのものの否定につながる。それもやはりインドの統一にとっての脅威となる［Dixit 1989: 249］。国内にさまざまな分離主義の動きを抱えるインドに、それはブーメランのように跳ね返り、そうした勢力を勢いづかせるリスクがあるからである［Singer 1992: 720］。和平協定に明記された「スリランカの統一、主権、領土保全の維持」［MEA 1987］は、今日に至るまでインドの変わらぬ立場である。和平協定調印直後、ラジーヴ・ガンディー首相はタミル・ナードゥの州都マドラス（現チェンナイ）でタミル人に対しこれまでの協力への謝意を示した。

そして私はこの数年の厳しいあいだも、類いまれな勇気と思いやりをみせてくれたタミル・ナードゥ州民をとくに讃えたい。あなたがたは親戚や友人を殺害され、多大な苦痛を受けられた。それでも耐え、とてつもない精神力を示された。この困難な期間にわが国全体がタミル・ナードゥ州を支持してきた。今日、私は七億八〇〇〇万人のインド人を代表してあなたがたタミル・ナードゥ州民のみせた勇気と忍耐に感謝したい。（中略）スリランカとの協定があなたがたにも平和と癒やしをもたらすことを私は望んでいる。（一九八七年八月二日、マドラスでの演説［Gandhi 1989: 387］）

ラジーヴがわざわざタミル・ナードゥ州で演説したこと、ならびにそのメッセージをみれば、インドの一体性をなんとか維持するために、どれほどタミル人の動向を強く意識していたかが窺えよう。

ところが、二国間協定にもとづいて派遣されたインド平和維持軍（ＩＰＫＦ）は、約束したはずのタミル人最大の武装勢力ＬＴＴＥの武装解除に失敗して、ＩＰＫＦ自体がＬＴＴＥとの戦闘に突入する。しかも、ＬＴＴＥの神出鬼没のゲリラ戦に苦戦したインド軍は、ベトナム戦争のような泥沼状態に陥る。当時外務担当閣外相を務め、ラジーヴに近い存在として知られていたナトワル・シンは、ＩＰＫＦについて、部隊にはなんらブリーフもされず、現地の地理やＬＴＴＥの居場所などが不明なまま派遣されたと明かしている［Singh 2014: 262］。結局、ＩＰＫＦはなんの成果もあげられないまま一九九〇年までに完全撤退を余儀なくされた。

一九九〇年代に入ると、タミル・ナードゥ州にも過激派の暴力が波及するようになり、一九九一年には和平協定の当事者ラジーヴまでもが、総選挙遊説中にＬＴＴＥ関係者に暗殺されたことで、タミル・ナードゥ州内のエスノ・ナショナリズムは急速に冷めていった。同州の主要政党は手のひらを返したように反ＬＴＴＥの姿勢に転ずる。連邦政府も、ラジーヴ暗殺の翌年からＬＴＴＥを国内禁止団体に指定した。

このように、スリランカの危機に関し、インド連邦政府は「内政上の」きわめて難しい舵取りを強いられたのである。ＩＰＫＦが目的を果たせなかったこととラジーヴ暗殺にみられるようなＬＴＴＥの残虐性が、はからずもタミル・ナードゥ州のエスノ・ナショナリズムを鎮静化させるかたちになったのはたしかだが、同州のタミル人のあいだで同胞への同情が完全に消滅したわけではなく、その後も公然とＬＴＴＥを支持する地域政党も存在した(3)。

スリランカ内戦は、二〇〇九年にようやく終結するが、一九八〇年代にはじまるスリランカのエスニック紛争と内戦の激化に対するインドの政策は、ニューデリーだけで決定されたものでもなければ、理念や地政学的に認識された国益のみにもとづいて決定されたものでもなかった。タミル・ナードゥ州からの圧力が強まるなかで、中央はその要求に応答せざるをえなかった。応じなければ、タミル人のエスノ・ナショナリズムの矛先が、スリランカだけでなく、インドという「国民国家」にも向けられかねなかったからである。

バングラデシュ独立問題をめぐる苦悩

この対スリランカのケースほど明確でないにしても、対パキスタン政策についても、中央の政治指導者の理念あるいは地政学的国益のみにもとづいてつねに形成・遂行されてきたわけではない。とくに一九七一年のバングラデシュ（東パキスタン）独立と、一九九〇年代以降のカシミール問題に関する対パキスタン政策においては、それぞれ西ベンガル州のベンガル人、ジャンムー・カシミール州のカシミール・ムスリムのエスノ・ナショナリズムに対する配慮、ならびに「国民国家」を堅持しようとする動機が強く作用していた。カシミール問題については、第４章で詳細に検討するので、ここではバングラデシュ独立問題についてみておきたい。

印パ分離独立以来、東パキスタンでは、パキスタンを支配する西パキスタンに対する言語や経済面での不満から、自治権拡大要求がつづいていた。一九七〇年の総選挙で勝利を収めたアワミ連盟が、ついにバングラデシュ（「ベンガル人の国」の意）独立を宣言すると、パキスタンの軍事政権は力でこれを弾圧しようとした。インドではベンガル人への虐殺や人権侵害が報じられるとともに、隣接する西ベンガル州を中心に一〇〇〇万もの難民が流入するなかで、インド連邦政府のインディラ・ガンディー首相は行動を迫られた。

ベンガルは、イギリス統治下に施行されたベンガル分割令とその後の印パ分離独立によって、東西に引き裂かれ、宗教による分断が固定化されてしまった。そのため、同一のエスニック集団としての両者の絆は大きく傷つけられていた。それでも、元来、言語と文化を共有してきた同じベンガル人が、隣国で虐殺され逃げ込んでくる状況に、西ベンガル州のひとびとが無関心でいられるはずはなかった。

当時の同州には、左翼勢力以外の有力な地域政党はまだ台頭しておらず、タミル・ナードゥ州で展開されたような州政治の大きな争点になることは避けられた。それでも、東から同州に逃れてきた指導者たちが、州都カルカッタ（現コルカタ）に臨時亡命政府を設置すると、これをただちに承認するよう求める声が、同州選出の国民会議派幹部でのちに外相、さらには大統領となるムカジーら、与党内有力者からも上がる。州内では連帯を示すストライキも行われた［Chowdhury 2013: 4］。こうした状況の悪化にもし中央がなんの対応もしなければ、国境を横断する「ベンガル・ナショナリズム」が再生され、それが連邦政府への批判につながるおそれがあった。

さらにまた、東パキスタンからの大量の難民流入は、インドに経済的負担を強いていたのみならず、西ベンガル州と北東部諸州の人口バランスを乱し、新たな軋轢を生むことも懸念された。北東部諸州はもともと規模も小さかったため、人口動態の変化は甚大で社会不安を惹起させていた［Bandyopadhyay 2000: 35-37］(4)。ただでさえ、さまざまな分離独立運動を抱える北東部諸州の不安定化は、インドの統一を揺るがしかねなかった。

難民が増大するにつれ、連邦議会では「介入」を求める声が日に日に強まった。一九七一年三月末には、西パキスタンによる軍事弾圧を非難し、「民主的生活を求めて闘う東ベンガルのひとびとへの深い共感と連帯を表明する」との決議が全会一致で採択された［Gandhi 1975: 524-525］。これでは不十分だとする声が閣僚経験者のベンガル人、トリグナ・セン連邦上院議員らからは寄せられたものの、インディラはハクサル首相筆頭秘書官の助言に従い、即座の介入には慎重であった。ハクサルは、独立運動の展開をにらみつつ、インドの介入が国際社会の支持を得られるかどうかを見極めるべきだと主張したという［Ramesh 2018］。敵国パキスタンを分裂させる「またとないような機会」［Subrahmanyam 1971］ととらえ即座に行動すべきだという主張は退けられた。

しかしインディラは、一九七一年四月以降、東パキスタンにおける惨状と難民問題を国際社会に訴えつつ、同時にソ連との平和友好協力条約を仕上げて、戦争に向けた準備を着々と進めた。そしてついに機が熟した同年末、インディラは対パ開戦に踏み切り、バングラデシュを承認した。これによってベンガル人問題がインドの統一を揺るがすような事態は回避された。

「脆弱な国民国家」ゆえの近隣外交

以上から明らかなとおり、インドの近隣外交政策には、しばしば国内の一体性を維持するという政治課題が大きな影響を及ぼしてきた。第二次世界大戦後に独立を遂げた新興国家の大半にこれはある程度当てはまるであろうが、インドという「国民国家」内部の異質性は、面積と人口規模でインドを上回る中国に比べても、とくに際立つ。しかも国内で無視しえない勢力を誇るタミル人、ベンガル人、カシミール人、パンジャーブ人などが国境を跨いで隣国にも暮らしている。こうしたエスニック集団の多くは、議会政治の枠内で、あるいは武装闘争によって、中央の支配への異議申し立てを行ってきた。中央の統治者にとっては、いかにしてこうした「国民国家」としての脆弱性を克服し、遠心化を防ぐかが重要な課題となる。近藤則夫は、インドがその主要部においては、各州の要求を組み込む「協調的連邦制」を発展させ、地域的なアイデンティティとインド連邦へのアイデンティティが共存しうる「ステート・ネーションズ」状況を成立させたものの、周辺部はその枠外に置かれているとしている［近藤 2015: 446-515］。

実際には多民族から構成されているにもかかわらず、「国民国家」言説はきわめて強力であり、多くの政治指導者はその理念型に近づけようとしてきた。その一方で、マイノリティによる別の「国民国家」プロジェクトは阻止しようとするのがつねであった［Behera A.D. 2002］。インドも例外ではない。未完成の「国民国家」をできるかぎり理念型に近づけること、少なくともその分裂や崩壊を避けることは、インドの歴代政権の至上命題であり、それは当然ながら外交政策の形成・遂行においても考慮の対象となる。

もちろん、指導者の抱く「脆弱な国民国家」への不安とその対処法は、一様ではない。パキスタンとの分離独立を経験したネルーは、この脆弱性にきわめて敏感で、概して慎重な「国民建設」を心がけた。ネルーの確立したいわゆる「会議派システム」は、さまざまなエスニック・マイノリティを民主的制度内での交渉と合意をつうじて、多様かつ多元的なインド連邦のなかに、うまく吸収・適合させる役割を果たした［Chadda 1997: 15, 21］。インドの最も著名な政治学者として知られたコタリは、すでに一九七〇年の時点で、インドほど巨大かつ多元的な国が効果的に統一されうるには、参加と調整型の政治が必要であると指摘している［Kothari 1970: 338-339］。それによって「多様性のなかの統一」を実現しようとしたのである。

しかし偉大なネルーの死とともに国民会議派では党内対立が激化し、地方組織からも不満の声が上がってくる。そこでインディラは自らの支配を確立するために、父のつくった「会議派システム」を破壊していった［広瀬 2006: 29-31］。マイノリティの反発を中央集権化や非常事態令、度重なる暴力の使用によって封じ込める手法をとったのである。一九八四年、陸軍の戦車まで動員してパンジャーブ州のシク教徒過激派を排除したブルースター作戦は、その典型である(5)。

他方、インド人民党は、自らの認識するインド「国民国家」の脆弱性は、多数派ヒンドゥーの価値、すなわちヒンドゥートゥヴァを中核とした「統合された強いインド国民」をつくることで克服できると考えている［Ghosh 2017: 147］。換言すれば、多様なひとびとを、ヒンドゥーを中心にした均質な

「国民国家」のなかに糾合しようとしてきた。モディ政権ではとりわけその傾向が強まった。

それでも、こうしたスタイルの違いにもかかわらず、インドの政治指導者が政策形成にあたりつねに前提としなければならなかったのは、インドが西洋理念型の「国民国家」とは異なるという現実である。エスニック紛争で揺らぎつづける「国民国家」を維持し完成させるという「内政」上の政策目標が、近隣外交では重要な規定要因となることがある。もちろん、インド外交のDNAとして息づくプラグマティックな思考が、この現実への対処においても発揮されてきたのはいうまでもない。

西洋の国際政治学に慣れたわれわれにとっては、とくにこの点は重要な意味をもつ。西洋国家体系における「現実主義」は、主権国家間の協調を究極的にはありえないものとみなし、それゆえにもっぱら、他国による予想しうる国家単位での軍事的攻撃に国家単位で備えるよう主張してきた。東西冷戦期のアメリカの対ソ政策はその典型とみなされてきた。それは主として外部のアクターに影響を及ぼすことにより、国際社会におけるアメリカの覇権と安全保障、経済的・政治的利益の増進を図るための外交政策であったとされる。

アメリカにこれを可能にさせたのは、自らの内部、すなわち「国民国家」としての一体性に対して疑問の余地がなかったからである。これに対して、インドの中央政治指導者は——あるいは第三世界の多くの指導者にも該当するかもしれないが、インドはとくに巨大で多様かつ多元的であるがゆえに——、そもそも主権国家内部の「国民国家」としての一体性を確信するのが容易ではない。

中央の支配層からすれば、西洋理念型に比べるとインドはあまりにも脆弱に映り、国境を越えたアイデンティティも無数に存在する。それゆえ、国内の一部とエスニック・宗教的近親性をもつ他国（パキスタン）、あるいは他国の一部（東パキスタンのベンガル人、スリランカのタミル人）からの、政治的、経済的、軍事的、情動的なインパクトは、インド「国民国家」の維持にとっての重大な脅威になりうる。インド中央の内的・外的対応は、この脅威をリアルに認識したうえで形成されてきた。

もっとも、ネルーの時代と比べると、インドの「国民国家」としての脆弱性が徐々に払拭されつつあるのも事実である。冷戦後、とりわけ二一世紀に入ってからの世界におけるインドの地位は経済、政治、軍事のあらゆる面で飛躍的に向上した。くわえて、メディアの普及によって、さまざまなエスニック集団に属するひとびとのあいだでも、同じインド「国民」としての帰属意識が高まり、自らの「国家」の台頭の物語を共有するようになってきている。

核保有宣言したヴァジペーイ（一九九八〜二〇〇四年）、アメリカとの原子力協力協定を締結したマンモーハン・シン（二〇〇四〜二〇一四年）、そして「インド太平洋」論を主唱する日米豪との関係緊密化を進めるモディ（二〇一四年〜）ら、近年の連邦政府の指導者にとっては、近隣国の情勢がインドの統一に及ぼす脅威は、ネルーやインディラ・ガンディー、ラジーヴ・ガンディーの抱いていたものほど大きくはないだろう。新時代の指導者は、かつてに比べると、自らの「国民国家」の一体性に明らかに自信をもつようになっている。モディは、カシミールをめぐるパキスタンの動向をある程度気にしてはいるものの、少なくともスリランカ、バングラデシュ、ネパールといった国々のエスニック問題が、インドの分裂につながるなどとは思っていないだろう。

それでは、インドの中央指導者たちはいまや内政上の懸念から解放されたかたちで外交政策を形成し、遂行できるようになったのであろうか。答えは否である。彼らは、ネルーにはなかった重石を背負わされることとなった。つぎにそれをみてみよう。

（2）弱い連邦政府(6)──中央・州政治過程の変容

カシミールでつづく暴力や衝突を伴った抗議をみれば、いまだ完全とはほど遠いとしても、インドはその国力と世界におけるプレゼンスの高まりとともに、しだいに「国民国家」として成長していったことは間違いない。しかしこれに反比例するかのように衰退していったのは、中央の政治力である。それは端的にいえば、連邦政府の政権基盤の弱体化という現象である。インドでは日本と同様、全国レベルでは、いわゆる「一党優位制」の政党システムがつづいてきた(7)。すなわち、完全に民主的なかたちで選挙が行われているにもかかわらず、例外的な短期間を除き、つねに国民会議派が政権を担いつづけてきた。しかし一九八九年の総選挙でラジーヴ・ガンディーの率いる国民会議派が敗れて以降、中央政治は連立の時代に入る。ネルーの「会議派システム」によって築かれた中央－地方の固い基盤と、「ネルー・ガンディー王朝」ともいわれた系譜の威光のいずれも失った国民会議派は凋落し、インド人民党のような別の全国政党に権力獲得の機会が生まれた。

しかしそれだけでなく、インドの多様性による地域主義は、それぞれの州で影響力をもつ地域政党の力を国政においても増大させることになったのである。連邦レベルでは、いずれの全国政党も単独過半数には遠く及ばず、数多くの地域政党との連立なしには政権を樹立・維持できなくなった。議席数のバランスによっては、ある特定の地域政党が連立与党内で事実上の拒否権すらもちうる状況も生じた。この場合、連邦政府の政策はその地域の要求に厳しく制約される。連邦国家としては集権制の強い憲法規定や行財政制度は変わらなかったにもかかわらず、政治的な力関係が、州優位に移行したのである［上田 2015: 77-87］。

地域政党はその性質上、全国政党とは根本的に異なる点がある。地域政党は特定の州にのみ基盤をもつため、その政治的関心は全国にはない。地域の指導者たちの基本的な関心は、自らの州における権力の獲得・維持にある。州民からいかに支持を集められるかという観点が政策形成においては重要なので、連邦レベルの政治との関わり方は、国益やイデオロギーではなく、あくまでも当該州に有益だとアピールできるかどうかという観点から方向づけられる。パートナーを組む全国政党を変えることに躊躇することもなければ、全国政党にとっては重要だが、自らの関心とは無関係な争点については容易に取引に応じる傾向がみられる(8)。

それは国内政策だけではなく、対外政策でも同じである。連立政権の下で、地域政党が連邦政府の対外政策に影響を及ぼすようになっているという議論は、これまでも行われてきた［Blarel 2017: 203-220］。しかし地域政党にとって、内政に比べると、外交・安全保障問題が重要な意味をもつ機会は多いとはいえない。地域政党にとって大きな関心を寄せざるをえなくなるのは、それが州民の価値と利

連邦下院総選挙でのタミル・ナードゥ州と西ベンガル州における政党別獲得議席数

	1989	1991	1996	1998	1999	2004	2009	2014	2019年
〈タミル・ナードゥ州〉									
国民会議派	27	28	0	0	2	10	8	0	8
インド人民党（BJP）	0	0	0	3	4	0	0	1	0
ドラヴィダ進歩連盟（DMK）	0	0	17	5	12	16	18	0	24
全インド・アンナ・ドラヴィダ進歩連盟（AIADMK）	11	11	0	18	10	0	9	37	1
大タミル会議派			20	3	0				
労働者党（PMK）	0	0	0	4	5	5	0	1	0
復興ドラヴィダ進歩連盟（MDMK）			0	3	4	4	1	0	
その他	1	0	2	3	2	4	3	0	6
〈西ベンガル州〉									
国民会議派	4	5	9	1	3	6	6	4	2
インド人民党（BJP）	0	0	0	1	2	0	1	2	18
インド共産党（M）＋その他左翼戦線	38	37	33	33	29	35	15	2	0
全インド草の根会議派				7	8	1	19	34	22
その他							1		

出所：インド選挙管理委員会ウェブサイトのデータにもとづき、筆者作成

害に直接関わる事例にかぎられよう。それは具体的にどのような政策領域であろうか。

最も顕著なものとしては、やはり他国と国境を接する州において生じやすい。こうした国境州にとって、たとえば連邦政府の対米政策は「他人事」であるとしても、すぐ近くにある近隣国にどのような政策をとるかは、しばしば自らの死活的な利益に関わる争点とみなされることがあるためである。

なかでも、スリランカと接するタミル・ナードゥ州、バングラデシュと接する西ベンガル州は、つねに連邦政府を悩ませる存在である。そもそも両州はいずれも多くの人口を抱えるため、連邦議会に送り込まれる議員数も多く（五四三小選挙区のうち、タミル・ナードゥ州は三九議席、西ベンガル州は四二議席）、その影響力は大きい。しかも両州ではいずれも全国政党の基盤が弱体

化し、州議会における多数派は地域政党であり、その党首が州首相を務める。州レベルのみならず、連邦レベルの選挙でも、地域政党が大半を占めるようになって久しい。全国政党が議席を獲得できるとしても、それは地域政党が主導権を握るかたちで行われた選挙協力が功を奏した場合にかぎられる。国民会議派やインド人民党がまったく議席を得られないことも珍しくない（前ページ表参照）。連邦下院で全国政党が単独過半数を取れないなかで、この両州の地域政党がしばしば連邦政府のキャスティングボートを握ってきた。

スリランカ内戦終結過程でのタミル・ナードゥ州政治

タミル・ナードゥ州では、沈静化したかにみえたエスノ・ナショナリズムが二〇〇〇年代後半に入り再燃する機会がやってきた。タミル・イーラム解放の虎（ＬＴＴＥ）に対する強硬路線を唱えたスリランカのマヒンダ・ラージャパクサ大統領が、和平プロセスを破棄して二〇〇六年にふたたび内戦へと突入したのである。大統領はＬＴＴＥを徐々に追い詰め、二〇〇九年には大規模な最終軍事作戦を展開して、ＬＴＴＥを殲滅する姿勢を示した。

この光景を目にしたタミル・ナードゥ州では作戦反対のうねりが高まった。国民会議派中心の連立政権の枠組みである統一進歩連合（ＵＰＡ）の一角を占めていたドラヴィダ進歩連盟（ＤＭＫ）は、インド連邦政府に作戦をやめさせるよう強く求めた。二〇〇八年一〇月、党首のカルナニディ州首相は、「ただちに介入して、スリランカにおけるタミル人へのジェノサイドをやめさせるよう」求める電報をマンモーハン・シン首相に送ったと明らかにし（*The Hindu*, Oct. 6 2008）、全党会議を開いて、停戦合意が実現できなければ州内選出の全連邦議会議員が辞表を出すとの決議を採択させた（*The Hindu*, Oct. 15 2008）。DMKのライバル政党で野党だった全インド・アンナ・ドラヴィダ進歩連盟（AIADMK）のジャヤラリター党首も、スリランカへの軍事援助を完全にやめるべきだと迫るなど（*The Hindu*, Oct. 5 2008）、ふたたびエスノ・ポリティクスが展開されはじめた。

これに対し、連邦政府のレベルでは、一九九〇年代以降インドがスリランカの内戦に関与しないうちに、同国で中国の影響力が強まっていることへの警戒感が募っていた。とくにラージャパクサ大統領の地元であるハンバントタでの中国による大規模港湾建設は、インドを包囲する「真珠の首飾り」の企てと位置づけられた。スリランカへの影響力を取り戻したいマンモーハン・シン政権は、ラージャパクサ大統領のLTTE掃討姿勢を少なくとも黙認し、攻撃用兵器などではないものの、ひそかに軍事支援すら再開していた［Destradi 2012a: 595-616］。にもかかわらず、シン政権は連立パートナーの声に応えざるをえなかった。ラージャパクサ大統領との電話会談でシン首相は、スリランカ情勢への「重大な懸念」を伝えるとともに、一般のタミル人の権利と福祉を尊重することなどを要請した［Singh 2008］(9)。

年明けの二〇〇九年一月、タミル・ナードゥ州議会はスリランカでの戦闘をただちに終わらせるための措置をとるよう連邦政府に求める「最終要請」決議を採択した（*The Hindu*, Jan. 24 2009）。州からのさらなる圧力を前に、シン政権は、ムカジー外相を急遽スリランカに送り、一般のタミル市民に犠牲が及ばないよう、ラージャパクサ大統領に強く要請した。

二〇〇九年四月半ばから、スリランカで最後の制圧作戦が開始されると、ちょうど総選挙期間中だったこともあり、タミル・ナードゥ州政治は、反ラージャパクサ一色となった。州首相のカルナニディは自ら呼びかけてゼネストを行い、より強いメッセージをスリランカに送るよう連邦政府に迫った（*The Hindu*, Apr. 24 2009）。シン政権は、ナラヤナン国家安全保障顧問、メノン外務次官（ナラヤナンの後任となる国家安全保障顧問）をスリランカに急派し、インド側の懸念をあらためてラージャパクサ大統領に伝えた。

それでも、ラージャパクサ大統領を翻意させるには至らなかった。これは、インドのスリランカに対する影響力が低下していたことを示唆している。インド・スリランカ和平協定とＩＰＫＦをスリランカに受け入れさせたときとは対照的である。ラジーヴ・ガンディー暗殺以降、インドが「不介入」の姿勢をつづけるあいだに、スリランカでは中国の影響力がインドや欧米をはるかに上回るようになり、とくにラージャパクサは中国の全面的な支援を期待できるようになっていたからである[10]。四半世紀にも及んだＬＴＴＥとの武装闘争にラージャパクサ政権が勝利した決定的な要因は、中国からの経済、軍事、そして外交的支援であったとの見方が強い［Smith 2010: 43］。くわえて国内からは、多数派であるシンハラ人の熱狂的支持に支えられ、大統領は強硬路線を譲ろうとしなかった。

ＬＴＴＥの最高指導者プラバーカランの殺害[11]で幕を閉じた作戦では、危惧されたとおり、多くの一般市民、女性、子どもが巻き添えとなった。インドのタミル人社会に衝撃が走ったのはいうまでもない。それだけでなく、内戦後のスリランカの国づくりと人権状況、民族和解プロセスをめぐっても、タミル・ナードゥ州の世論と政治はラージャパクサ政権に強く反発し、連邦政府に同政権への圧力を強めるよう求めていくことになる。

タミル・ナードゥ州が変えたインドの国連での行動

二〇一二年三月、アメリカは、国連人権理事会（ＵＮＨＲＣ）に対し、スリランカ政府軍が最終作戦で行ったとされる人権侵害行為に関する調査、ならびに民族和解をただちに進めるよう求める決議案を提出した。インドは人権問題に関しては特定の国を名指しするような決議は好ましくないという立場を従来からとってきたうえに、インド洋に影響力を拡大しようとする中国に対抗するためにも、スリランカ政府とは緊密な関係を構築することが本来なら望ましいはずであった。もちろんスリランカ政府からも、米欧の決議案に反対するよう繰り返し要請があったので、当初はインドは決議案に反対ないしは棄権するのではないかとみられていた。

しかしタミル・ナードゥ州政治はそれを許さなかった。二大地域政党は競い合うかのように、アメリカの決議案を全面支持するよう、シン政権に強く迫った。二〇一一年の州議会選挙でＡＩＡＤＭＫに政権を奪われていたＤＭＫは、決議案に反対するのであれば、連邦での連立離脱も辞さないとの強硬な姿勢でシン政権に圧力をかけた（*The Hindu*, March 15 2012）。連邦議会は連日紛糾し、バングラデシュ独立戦争での介入を引き合いに出すようなＤＭＫの議員も出てくるほどであった［Rajya Sabha

2012]。あわせて、タミル・ナードゥ州の漁民が——おそらくは違法操業であるが——スリランカ側に拘束されたり、暴行を受けたりしていることを取り上げ、一九七四年にインディラ・ガンディー首相がスリランカ側に譲ったカチャチャイブ島の領有権を取り戻すように迫った。

結局、シン首相はアメリカの決議案を原則的に支持する考えを表明した［Singh 2012a］。そして実際に、UNHRCの採決では米欧の理事国とともに賛成票を投じたのである。採決の結果は、賛成二四、反対一五、棄権八で決議案は採択されたが、中国やロシアは内政不干渉の見地から決議案に強く反対した。それだけでなく、バングラデシュやモルディブといったインド以外の南アジアの理事国も反対票を投じるなど、インドの賛成票が際立つ格好となった。スリランカのメディアや閣僚の一部からは、公然とインドを非難する声が上がった。

シン首相は、スリランカのラージャパクサ大統領にすぐさま書簡を送り、インドの努力によって決議案の文言が和らげられ、バランスのとれたものになった旨弁明した［Singh 2012b］。実際のところ、インドはアメリカなどに対し、決議が主権を損なうような「強制型」のものにならないよう、またスリランカの政治的和解に寄与するものになるよう、原案の修正を求めていた。その結果、採択された決議では、人権侵害に関する調査も国連側の強制ではなく、スリランカ政府の「同意と協議」を前提としたものになったという。とはいえインドの行動は明確な反対姿勢を示した中国とは対照的であった。スリランカ側がインドに落胆したのはいうまでもない。

シン政権の決断は、人権の見地から決議案を主導したアメリカからはもちろん評価された。しかしアメリカのオバマ政権がシン政権に強い圧力を行使したという形跡はないし、インドが当時のアメリカに媚びを売る必要性を感じていたわけでもない。インド政府系の研究者のなかには、ラージャパクサ大統領がインドの意向に反して中国寄りの姿勢を変えようとせず、内戦後の民族和解プロセスや権限移譲を含む憲法改正に踏み出そうとしないことへの「警鐘」として、シン政権は意図的に決議案に賛成したのだと主張する向きもあった[Pattanaik 2012]。しかし投票の態度を決定するまでのプロセスをみるかぎり、連邦政府内で国家戦略上の見地から決議案をあえて支持すべきだという議論が行われていたようには思えない。そもそも非難決議案を支持することでラージャパクサ政権に圧力をかければ、インドにとって好ましい政策に変えることができるなどと楽観していたとすれば、あまりにも愚かといわねばなるまい。結局のところ、第三国を名指しした人権上の決議を避けるという「伝統を破った」主因は、タミル・ナードゥ州の地域政党の影響力の台頭にあったとみるのが妥当であろう[Destradi 2014]。

翌二〇一三年三月にもふたたびアメリカ主導でUNHRCにスリランカ批判の決議が提出されると、やはり同様にDMKは連立離脱カードをちらつかせたため、前年同様、インドは決議案支持に回った(12)。しかし今回は、DMKは要求のレベルを高め、決議の文言に「ジェノサイド」といった強い表現を入れることや、ラージャパクサ大統領の訴追すら求めるまでになっていた。州内で学生らの抗議活動が活発化していたこともあり、州政権を失ったDMKとしては、エスノ・ナショナリズムの高まりに乗ることが得策だと判断したものと思われる。このときDMKはついに連立から実際に離脱した（*The*

Hindu, March 20 2013）。

シン政権としては最大限の配慮を示したにもかかわらず、ＤＭＫに逃げられた格好ではある。それでも次期総選挙を前に、国民会議派にとって地盤の弱いタミル・ナードゥ州でいずれかの地域政党の協力が必要なのは明らかであった。そこでつぎの焦点となったのが、二〇一三年一一月、スリランカで開催される英連邦首脳会議だった。カナダが早くも人権上の理由からボイコットを宣言し、インドの動向が注目された。このときのタミル・ナードゥ州首相だったＡＩＡＤＭＫのジャヤラリターも、ＤＭＫ党首のカルナニディもボイコットすべきとの声を上げるなか、シン首相は「ボイコット」とはいわなかったものの、会議を欠席することを決断した（*The New Indian Express,* Oct. 18 2013）。

しかしそれでも、タミル・ナードゥ州の地域政党を引き寄せることは叶わなかった。[13] 二〇一四年春の総選挙で国民会議派は、二大地域政党のいずれとも協力関係を構築できなかった。それが明らかとなった同年三月のＵＮＨＲＣにおいて、三度目にして初めて、シン政権がスリランカ批判の決議案で「棄権」を選択したのは、きわめて皮肉である。[14] 共闘相手が見つかる希望すらなくなってようやく、シン政権に対スリランカ政策の自由度が生まれたといえよう。しかしそれから二カ月も経たないうちに、シン政権は終わりを迎える。結局、シン政権下でスリランカとの戦略的関係が構築されることはなかったのである。

バングラデシュとの河川共同利用協定への西ベンガル州の抵抗

同じくマンモーハン・シン政権の近隣外交に立ちはだかったのが、西ベンガル州の壁であった。ただし西ベンガル州の場合は、タミル・ナードゥ州のような国境横断的なエスノ・ナショナリズムが再燃したわけではない。というのも、西ベンガル州と隣接するバングラデシュは、一九七一年の独立によって同じベンガル人が圧倒的多数派を占める国となったため、それ以降は、スリランカにおけるタミル人のような抑圧される立場ではなくなったからである。ここでは「価値」ではなく、州民の純粋な「利益」が争点となった。

インドの支援によって独立を果たしたバングラデシュは、当然インドの友好国になる「はず」であった。たしかに、独立後に採用されたバングラデシュ憲法は、社会主義と政教分離主義を掲げるなど、インドの政治・経済システムを新国家のモデルとして採用した［村山 2012a: 184］。インディラ・ガンディー首相は、バングラデシュ独立直後の一九七二年にダッカを訪問し、その前年にソ連と結んだのと類似した平和友好協力条約をムジブル・ラフマン首相とのあいだで締結した。

しかしその後の二国間関係は、当初の楽観を裏切り、ローラーコースターのような急転直下の展開をみせた［Dixit 1999: 267］。バングラデシュでは、一九七五年にクーデタが起き、ラフマンが殺害されてしまう。彼は独立運動を担ったアワミ連盟の指導者だった。その後一九九〇年まで軍事政権がつづくうちに、イスラーム色の強いバングラデシュ民族主義党（ＢＮＰ）などの対抗勢力が台頭し、親パキスタンの政策が採用されることが多くなった。一九九七年に平和友好協力条約が期限切れを迎えて失効したのち、二〇〇一年にＢＮＰがさらに過激なジャマーアテ・イスラーミーなどと連立政権を樹立して以降、バングラデシュはインドにとって「始末に負えない国」との認識が広がった［Destradi 2012b: 130］。同政権はインド北東部諸州で活動する反インド勢力を野放しにしたほか、パキスタン軍統合情報部（ＩＳＩ）の国内での活動まで容認したとみられた。

しかも、国土のほぼすべてを西ベンガル州をはじめとするインドに取り囲まれているバングラデシュにおいてさえ、中国の影響力が強まってきた。インドの支援によって誕生したバングラデシュを中国は当初インドの「傀儡国家」とみなしていたものの、軍事政権下の一九七〇年代後半頃から少しずつ関係改善に乗り出した。ＢＮＰのカレダ・ジア政権は二〇〇二年、バングラデシュとしては初めてとなる「防衛協力協定」を中国とのあいだで締結する。以来、バングラデシュは中国にとって兵器の主要輸出先の一つとなった。経済面でも、中国は二〇〇六年以降インドを抜いて最大の貿易相手国となり、いまや投資でもインドをしのぐ規模に達している。首脳外交の頻度も増え、バングラデシュでは中国に対する信頼感が高まった［村山 2012b: 165-166］。インドの苛立ちと焦りは募った。

しかしインド・バングラデシュ関係をこじれさせた責任を、バングラデシュの内政の変化と同国のパキスタンおよび中国への傾斜だけに帰するのは公平ではない。バングラデシュ側からみると、インドは、バングラデシュの死活的な利益に応じようとしなかった。そのことがバングラデシュのインドに対する不信感を増幅させてきたのである。

それは水資源をめぐる問題である。インドに囲まれ、かつ山岳地の少ないバングラデシュは、水資源の大半をインドから流れてくる五四もの河川に依存している。しかしインド側が上流にダムを建設して取水してしまえば、下流のバングラデシュでは水量が枯渇する。そうした認識から、独立直後にインディラ・ガンディーがラフマンと結んだ両国の平和友好協力条約には、河川の利用について共同研究を進めることが盛り込まれていた。しかしその後の具体的な共同利用協定といえば、ガンジス川に関する協定のみであった。もう一つの大きな河川としてとくに争点となってきたのが、シッキム州に水源をもち、西ベンガル州を通ってバングラデシュに流れ込むティースタ川である。

二〇〇八年末のバングラデシュ総選挙で政権に返り咲いたアワミ連盟は、この長年の懸案事項の解決を目指した。党首のシェイク・ハシナ首相はラフマンの娘であり、インド、とくに国民会議派には親近感を抱いているとみられてきた。そして実際にマンモーハン・シン政権との関係緊密化に乗り出した。とくに、テロやイスラーム過激主義、インド国境沿いでの反インド分子の取り締まりの徹底は、ジア前政権とは対照的であり、インド側はこれを高く評価していた［Sikri 2009: 153-165］。

シン政権としても、親印的な政権となった機会を利用して、パキスタンや中国に傾斜していたバングラデシュを引き寄せたいと考えていた。二〇一〇年一月にハシナ首相が訪印した際の共同声明には、「ティースタ川の配分に関する協議を早期に妥結する」との文言が盛り込まれた［MEA 2010］。ただちに事務レベルでの交渉が開始され、翌二〇一一年初めまでには双方は合意に達したと報じられた（*The Indian Express*, Jan. 13 2011）。同年七月にはクリシュナ外相、チダンバラム内相、ソニア・ガンディー国民会議派総裁が相次いで訪印するなど、インド側はバングラデシュへの接近を鮮明にした。

そしてついに九月、シン首相がバングラデシュを訪問する。インドの首相が二国間会談のために同国を訪れるのはじつに一二年ぶりだった。首相にはバングラデシュとの国境州の西ベンガル、アッサム、トリプラ、メガラヤ、ミゾラムの計五州の州首相も同行することになっていた。当然、バングラデシュ側では期待が高まった。ところが、直前になって、西ベンガル州首相のママタ・バナジーがティースタ川の協定案に不服を申し立て、同行をキャンセルしたのである。彼女は、メノン国家安全保障顧問をつうじて事前に聞かされていた内容と協定案が違うと主張したという（*The Hindu*, Sep. 5 2011）。

連邦政府が慌てたのはいうまでもない。シン首相はバナジー州首相に直接電話をし、出発前日まで説得を試みた。しかし理解を得ることはできなかった（*The Hindu*, Sep. 6 2011）。憲法上、水資源管理は州政府の管轄事項とされていることから、西ベンガル州の同意のないまま協定を結ぶことはできない。洪水と干ばつに苦しめられてきたバングラデシュでは、協定締結への期待が膨らんでいただけに落胆も大きかった。とくに「親印政策」をとってきたハシナ政権には痛手であった。シン政権としても、外交的な大失態となった。

なぜこのようなことになったのであろうか。バナジーが立ち上げた西ベンガル州の地域政党である全インド草の根会議派[15]は、同州で一九七七年以来つづくインド共産党マルクス主義派（CPI（M））を中心とした左翼戦線政権の打倒を目指し、当初はインド人民党と連携しながら勢力を拡大してきた。二〇〇八年に連邦において左翼勢力が印米原子力協力をめぐってシン政権への閣外協力を撤回すると、二〇〇九年総選挙からは国民会議派主導の統一進歩連合（UPA）に加わり、バナジーも鉄道相として入閣した。その後、二〇一一年五月に行われた州議会選挙において、全インド草の根会議派は単独過半数を大きく超える圧勝を果たし、バナジーは念願の州首相に就任する。このときから全インド草の根会議派と国民会議派の関係には変化が生じたものと思われる。連邦下院で単独過半数に届かない国民会議派にとって、全インド草の根会議派は最大の連立パートナー（第二のパートナーがタミル・ナードゥ州のＤＭＫ）であり、不可欠な存在であるのに対し、全インド草の根会議派にとっては西ベンガル州の政権を維持するのに――そしておそらくはつぎの選挙に勝利するのにも――国民会議派の協力はかならずしも必要としなくなったからである。

当時、州首相に就任したばかりのバナジー自身がどの程度、インドとバングラデシュの二国間交渉について把握していたのかは双方の言い分が食い違っており、真相は定かではない（*India Today*, Sep. 19 2011）。しかし「州民の利益」に反するとの立場をとり、協定案を拒絶することで、州民の支持を集め、州政治を自らに優位に展開しようとする計算にもとづいて、彼女が反対したのは間違いあるまい。全インド草の根会議派の関係者によれば、バナジー党首はティースタ川の流れる州北部に重大な影響が生じることを懸念していた。というのも、この地域にはムスリムなどのマイノリティの農民が多く、党にとって重要な票田とみなされていたからだという（*The Economic Times*, June 13 2015）。

最大の目玉を失ったシン首相のバングラデシュ訪問において、それに代わる成果として連邦政府が強調した「飛び地交換議定書」にも、バナジーは公然と反対の姿勢を示した。インドとバングラデシュのあいだには、一七～一八世紀の藩主間の領土争いや印パ分離独立に端を発する飛び地が無数に存在し、これも両国間の摩擦の種となってきた。これを解消するためにシン首相とハシナ首相は一六二カ所の飛び地を交換することで合意した。インドの場合、通常の条約であれば連邦議会の承認は要しないものの、領域に関する規定は憲法に定められているため、この議定書の発効には憲法改正が必要だった。しかし全インド草の根会議派はここでも、自分たちの土地が奪われ、バングラデシュ国民が入ってくるなどと主張し、インド人民党などの野党とともに反対した。結局、飛び地交換による国境画定すら、シン政権のあいだには実現しなかった。

州内の有権者の支持を最優先にしたバナジーの要求は、対バングラデシュ政策以外でもシン政権を悩ませつづけた。そしてついに二〇一二年九月、連邦政府による小売業への外資規制緩和方針やディーゼル価格の高騰などを不服として、全インド草の根会議派はUPAからの離脱を決めた。「州民の利益」を前面に押し出すバナジーの路線が功を奏したことは、全インド草の根会議派がどの全国政党とも協力せず、単独で戦った二〇一四年の総選挙と二〇一六年の州議会選挙において圧勝したことで示された。

しかし二〇一四年総選挙において、モディの率いるインド人民党が、インド史上三〇年ぶりとなる連邦下院での単独過半数を獲得してしまったことで、全インド草の根会議派の影響力にも陰りが生じる。選挙期間中の遊説ではティースタ川だけでなく、飛び地交換についても絶対に譲らないという方針を強調していたバナジーだったが（*Telegraph*, Apr. 13 2014）、この問題では押し切られた。というのも、二〇一五年五月、政権与党として、バングラデシュとの関係緊密化を図るインド人民党が飛び地交換に賛成の立場を示したからである。全インド草の根会議派は下院で三四議席という過去最大の勢力を誇っていたにもかかわらず、もはや反対することもできなかった[16]。同年六月のモディ首相のバングラデシュ訪問には、バナジーも同行した。

とはいえ、ティースタ川の協定に関しては、原案の五〇対五〇の配分は認めないという姿勢をバナジーは貫いた。モディ首相に同行したのは、このことが確約されたからだとみられている。彼女の強気の姿勢は先述したように、憲法上水質源管理は州の権限であることを武器としたものではある。しかしそれだけでなく、バナジーには協定に関する連邦政府との交渉で、予算を含む相当の補償を引き出そうという目論見もあったと思われる（*The Economic Times*, June 13 2015）。実際、飛び地交換に関しても、連邦政府から復興資金を獲得している（*The Hindu*, May 7 2015）。

この点で、連邦上院においては、インド人民党単独ではおろか、国民民主連合（ＮＤＡ）全体でも過半数に届かないモディ政権にとって、国民会議派に次ぐ議席数をもつ全インド草の根会議派は、無視できない存在である。その意味において、モディ政権下にあっても、バナジーの全インド草の根会議派は連邦政府に対して一定の交渉力を保持した[17]。二〇一七年四月に再度訪印したハシナ首相とデリーで面会したバナジーは、ティースタ川は北ベンガル地域のライフラインであり、水量確保の観点から原案は受け入れられないと突っぱねた（*The Hindu*, Apr. 10 2017）。

このように、親印的なハシナ政権を支えることでバングラデシュへの影響力を回復しようとした連邦レベルでの政策は、隣接する西ベンガル州の利益を主張して台頭した全インド草の根会議派によって妨げられてきた(18)。これはバングラデシュがとくに強く求める水資源の管理が制度的に州に帰属するからだけでなく、連邦政府の弱体化のなか、全国政党の国民会議派——同じことがインド人民党についてもある程度当てはまるが——と全インド草の根会議派の力関係が変化し、後者の立場が強まったことによる。その結果、州の要求が連邦政府の対外政策の自由度を制約することとなったのである。

もちろんそれは、国家戦略上の見地からは、望ましいこととはいえない。親印的なメッセージにインドが応えられないままでは、すでにイスラーム化の進んだバングラデシュにおけるインド認識は悪化の一途をたどり、その結果として敵対的な政策に回帰するのは避けられない［Pattanaik 2011: 83-84］。当然、バングラデシュの野党勢力はハシナ政権への批判を強めた。ハシナ政権はその後、権威主義色を強め、野党をはじめとする反政府勢力を徹底弾圧したため、そうした声も封じ込められたかにみえる。しかし協定を締結できるかどうかは、いまやハシナ政権の「親印政策」の成果を測る「ベンチマーク」とみなされている［Bhattacharjee 2016］。

近隣外交を左右する地域の影響力

以上、インドの近隣外交は、たとえ連邦政府が国際関係における国家戦略上の見地から採用すべき政策があるとしても、国境横断的なアイデンティティ集団だけでなく、一九九〇年代以降の「弱い連邦政府」のもとで台頭する地域政党から拒絶される可能性があることをみてきた。多様性を抱えた連邦国家であるインドの近隣外交は、内政から切り離されたところで形成・遂行されているわけではない。むしろ、内政の延長線上に位置づけられている。国内政治と国際政治が結びつく、いわゆる「連繫政治（リンケージ・ポリティクス）」という現象が、こうした特有のかたちで展開されている。

もっとも、地域の主張が隣接諸国との関係強化につねに否定的な作用を果たしているわけではない。パンジャーブ州やジャンムー・カシミール州では、パキスタン側との経済的・人的交流を望む声が高まり、その一部は現実のものとなった。トリプラ州をはじめとしたバングラデシュに隣接する北東部諸州も、バングラデシュへのトランジットを認めるよう要請している［村山 2012b: 159］。しかしこれらの州はタミル・ナードゥ州や西ベンガル州と比べると総じて規模が小さく、それぞれの地域の主体が、連邦政府や全国政党の存続と利益に決定的な意味をもつことはあまりない。それゆえ、その要求が中央の基本方針ならびに政策関心と一致しない場合には、しばしば却下されるか、無視されてしまう。たとえば、トリプラ州は少なくともティースタ川の共同利用協定締結が絶望的になったときには、自州内の余剰電力を隣接するバングラデシュ北東部に輸出することを提案していた。しかし、マンモーハン・シン政権はそれよりも発電量が大きく、かつ政治的影響力のある西ベンガル州からの輸出を優先した（*Business Line*, June 24 2013）。トリプラ州の左翼政権の主張が実現したのは、東・東南アジアとの関係をより積極的に進める「アクト・イースト」を掲げるモディ政権の発足以降のことであった。モディ政権は北東部の開発・コネクティヴィティ（連結性）強化のため、二〇一六年になってトリプラ州からの電力輸出を開始した（*Business Line*, March 13 2016）。[19]

いずれにせよこうした地域政党の対外政策への影響力は、国境州でとくに顕著ではあるが、それ以外の州でまったくみられないわけではない。全インド草の根会議派が異論を唱えたように、自由化をめぐる経済外交については、ひとびとの暮らしに直接影響を及ぼすだけに地域政党も関心をもち、しばしば争点化する。とはいえ、その影響は特定の州だけの話ではないし、そもそも市場開放や規制緩和に反対するのは地域政党にかぎらない。二〇一九年一一月のモディ政権による東アジア地域包括的経済連携（ＲＣＥＰ）交渉からの離脱表明は、国内産業への影響を懸念する、党派を超えた反対論の結果であった。それはおよそ民主主義国一般にみられる現象である。インド固有の現象として注目すべきなのは、一九九〇年代以降の弱い連邦政府下で特定の地域政党が全国政党にとって不可欠なパートナーとなったことの結果として、そうした地域政党が自らの州の利益のために近隣外交にも影響力を行使できるようになったという点にある。

（3）域外修正主義と域内現状維持[20]の力学

外交政策を制約する最後の要因は、インドという国家がもつ経済力と軍事力、つまりハードパワーに起因するものである。繰り返しになるが、インドは南アジアにおいては、つねに圧倒的な存在でありつづけてきた。ところが、地域の外に目をやると、アジアにおいては中国や日本といった国々が、そしてさらにその向こうにはソ連／ロシア、フランス、ドイツ、イギリス、アメリカといった列強が存在する。これらのいくつかとは、インドがいま肩を並べつつあることは事実だが、それでも、近い将来にインドのパワーが米中の水準に追いつくことはありえない。インドが置かれている域内と域外でのこのような客観状況の違いは、具体的な外交政策の選択に影響を与えざるをえない。

「途上国」としてのインド

インドがグローバルな舞台で声を大にしてしばしば異論を唱えてきたのは、強い大国志向という国家のDNAに起因するだけでなく、その国力にもとづく当然の合理的選択でもある。一九八三年、ニューデリーで開催された非同盟諸国首脳会議で、インディラ・ガンディー首相は国際経済の全面的な改革の必要性を強調した。

> われわれは、各国が自らの資源と政策の権利をもつことを支持します。われわれは、国際機関の運営において対等な発言権を望みます。われわれは公正と平等を原則とする新国際経済秩序(NIEO)の実現にコミットすると繰り返し述べてきました。(中略)「北」に一方的に有利にならないような「通貨と金融に関する開発のための国際会議」がただちに必要です。(中略)こうした会議を開催して、いまや時代遅れで不公正かつ不適切でもある国際通貨・金融制度の包括的改革を提言すべきなのです。(一九八三年三月七日、ニューデリーでの第七回非同盟諸国首脳会議の基調演説[Gandhi 1983c])

インディラは、インドを含む「南」の発展途上国が貧困から脱却できないのは、ＩＭＦや世界銀行を軸とする「北」の先進国中心の通貨・金融制度にあるととらえていた。同じ年の国連総会演説では、「非同盟運動を代表する立場」として、現行の国際機関が各国の実態を代表しておらず、変化にも対応できていないと批判した［UNGA 1983］。同時に、これを機会として先進国の首脳に呼びかけ、「南北問題に関する非公式サミット」を主宰して、ＮＩＥＯ宣言から一〇年を経てもなお変わらない現状の変革を求めた。

父ネルーの推進した社会主義経済政策の行き詰まりが露呈するなかで一九六六年に政権に就いたインディラは、危機打開のため、アメリカと世界銀行の働きかけに応じてその援助と引き換えに、最初の経済自由化を受け入れさせられていた。その後は「貧困追放」を掲げ、経済政策の統制をふたたび強化しようとした。ところが一九七〇年代の二度の石油危機がインド経済にも襲いかかった。国際収支が逼迫するなか、インディラは限定的ではあるものの再度の自由化を受け入れざるをえなかった［中溝 2012: 49-54］。「各国が自らの資源と政策の権利をもつ」という主張を実現しようとするのであれば、既存の国際経済システムを問題にするのは当然であった。

この戦闘的な姿勢は、一九九一年の本格的な経済自由化以降も基本的に変わっていない。インド人民党中心の最初の連立政権を率いたヴァジペーイ首相は、米同時多発テロ事件直後に開かれた二〇〇一年の国連総会と、パキスタンによるインド議会議事堂襲撃事件後の印パ緊張を受けて開かれた二〇〇二年の国連総会のいずれにおいても、テロ問題と同じくらい国際経済問題に演説の時間を割いた。

その際、先進国の取り組みが遅滞していることに、インドは強い不満を表明した。

ごく少数の階層に想像を絶するほどの富が集中し、依然として貧困がつづいている状態は絶対に容認できない。先進国のあいだには、途上国の正当な開発のニーズに真摯かつ迅速に取り組む姿勢が欠如している。（二〇〇二年九月一三日、ヴァジペーイ首相の国連総会演説［Vajpayee 2002a］）

このころ、主要なグローバル・イシューとして本格的な議論がはじまった地球温暖化問題についても、ヴァジペーイは同様の観点から、先進国の責任を追及している。

皆さん、大気中の温暖化ガスを集積させてきたインドの責任、全途上国の責任というのは、先進国の責任と比べればほんのわずかなものでしかありません。このことはこれから数十年先も変わらないでしょう。しかしながら悲劇的なことに、われわれは気候変動の悪影響の負担を不釣り合いなほどに負わされようとしているのであります。（二〇〇二年一〇月三〇日、ニューデリーでの国連気候変動枠組条約第八回締約国会議（ＣＯＰ８）におけるヴァジペーイ首相の演説［Vajpayee 2002b］）

多くの人口を抱え、これからまさに経済開発で飛躍しようとするインドは、まだまだ石炭をはじめとした多くの化石燃料を消費せざるをえない。にもかかわらず、先進国と同等の削減義務を負わされるようなレジームを形成させるわけにはいかない。以来、インドは中国とともに「途上国」を代表して援助や技術移転を求める立場をとった。

インドの強い抵抗は、交渉長期化の大きな要因となったものの、二〇一五年末のＣＯＰ21においてようやく、インドは「パリ協定」に合意する。モディ首相は、ＧＤＰ当たりの排出量を二〇〇五年比で三三～三五％減らすという自主的削減目標を示した。インドも、ようやく大国としての責任を担う方向へと変化したのではないかと歓迎する声も聞かれた。しかし合意文書で定められたのは、義務ではなくあくまでも自主的な目標にすぎない。また、途上国への資金供給・技術移転のシステム確立など、インドの主張はしっかりと盛り込まれた。

ＣＯＰ21とちょうど同時期に、ナイロビで開催されていた世界貿易機関（ＷＴＯ）第一〇回閣僚会議でも、インドは「途上国」としての立場を譲らず、先進国側と鋭く対立し、会議を失敗に終わらせる一因となった。農業問題でも先進国の補助金削減を求める姿勢をつづけた。

世界の金融システムについても、現状の変更を追求する立場に変わりはない。モディ政権は二〇一四年七月、マンモーハン・シン前政権の方針を引き継ぎ、ＢＲＩＣＳによる「新開発銀行」、ならびに緊急時に外貨を融通し合うための共同積立基金の設置に同意した。さらに、モディ政権は同年一〇月にも、中国主導の「アジアインフラ投資銀行（ＡＩＩＢ）」にその創設メンバーとして参画する。これらはＩＭＦ、世界銀行、アジア開発銀行といった既存の機関に対するインドの強い不満がつづいていることを示している。

このようにインドは、先進国を中心とした既存の国際経済のレジームを、「途上国」ないし「新興国」としての自らの成長を阻害するものと認識し、その変更を一貫して求めてきたのである。

核不拡散条約と国連への不満

政治分野についても同じことがいえよう。より大きなパワーである中国が先行して保有した核が合法化されるなかで、自国の核開発・保有を禁じるようなＮＰＴ体制を拒絶したことや、核保有後もＮＰＴだけでなく包括的核実験禁止条約（ＣＴＢＴ）批准すら拒むのも、中国をはじめ他の保有国との核戦力の格差を考慮すれば、きわめて理に適っている。

二〇〇九年七月、主要国首脳会議（Ｇ８）が、「核不拡散に関するラクイラ声明」を発出して、未加盟の国にただちにＮＰＴに加わるよう求めたのに対し、マンモーハン・シン首相は「グローバルな核軍縮が実現しないかぎり、インドが非核兵器国としてＮＰＴに加盟することなど問題外だ」（二〇〇九年七月二九日の連邦下院での声明［Singh 2009］）と明言した。その後、核兵器国として招かれるならば参加する可能性があると、示唆している。(21) すなわち、インドの核保有を認めない枠組みは拒否するが、合法化するような枠組みに変わるならば参加するというのがインドの立場といえる［Nayan 2012: 126-138］。

インドは、五大国を中心とした国連システムについても疑問を突きつけてきた。まだ独立前ではあったが、インドは国連の設立段階から代表団を派遣し、大国と小国の区分に疑問を呈し、中国（中華民国）と同じくインドも大国として認められるべきであること、さらには安保理常任理事国を将来的に拡大する可能性を憲章に盛り込むこと、などを主張していた［Rajan 1973: 438-455］。国連への高い期待を表明してはばからなかったネルーでさえ、五大国にのみ認められる拒否権について、国連を機能させるためには当面仕方がないものの、「廃止されるべき」ものと認識していた(22)。ネルーは一九六〇年の国連総会演説で「（アジア・アフリカの加盟国が増大した）今日、国連の構造はいっそうバランスを欠いたものになっている」としながらも、「激しい論争」を招くような変革を無理には求めず、漸進的な改革を要求した［Nehru 1964: 316］。

その後、一九七〇年代の終わり頃からの国連改革論で、インドは先頭に立って改革を唱えたものの、当時は国際社会の関心は低かった［Choedon 2007: 23］。大きな動きは冷戦後になってからとなる。一九九〇年に非会議派のＶ・Ｐ・シン政権で外相を務めていたグジュラールは、「冷戦終結を反映した国連を構築し、世界共同体の多様性に対応し、世界の民主主義と主権国家の平等を表すようにしなければならない」と国連総会で改革の必要性を主張した［UNGA 1990］。その後、ナラシンハ・ラーオの率いる国民会議派政権は一九九二年、「安保理議席の衡平配分と拡大」議案をインドネシアとともにとりまとめ、国連総会に提出して決議させることに成功する。一九九四年の国連総会に出席したムカジー外相は、第二次世界大戦直後のパワーバランスに依拠してつくられた現行の安保理は改革を避けられないとし、「人口、経済規模、国際平和・安全維持へのこれまでとこれからの貢献といったいかなる規準に照らしてみても、インドは安全保障理事会の常任理事国にふさわしい」［UNGA 1994］

と述べた。以来、インドは常任理事国入りを明確に追求していく。

ラージャ・モハンは、インドは台頭する修正主義国家であると明確に位置づけた［Mohan 2002a］。興味深いのは、彼がグローバル・ルールの修正を国連の場ではなく、冷戦後の唯一の超大国としてのアメリカと協調して進めるべきだと主張した点である。過去を振り返ってみても国連はインドの利益に貢献せず、むしろミサイル防衛構想やＣＴＢＴ問題、対テロ戦争といった分野で、アメリカと利害の一致する場面が増えている、というのである［Mohan 2002b］。実際には、こうした利害の一致はごく一部の争点にかぎられるし、それでさえ同床異夢にすぎないかもしれない。にもかかわらず、彼の指摘が重要なのは、修正主義の目標をいかにして新しい国際環境下でプラグマティックに実現するかが模索されている点である。インド外交におけるグローバルな修正主義志向は、その方法論や戦術は違っても、ネルー政権期以来の一貫したものなのである。

たしかにインドのハードパワーの増大とともに、近年のインドは気候変動会議やＧ20などの場で、頭から拒絶する姿勢をやめ、自らを「妨害者」ではないというメッセージを意図的に少しずつ発するようにはなってきた［Malone 2011: 301］。しかしそれは、主要国がインドを取り込もうと接近してくれている有利な状況であれば、そこに入っていって、「内部から世界秩序を改革」［Sinha 2019: 17］することが可能だとの認識があることを意味する。少なくとも世界におけるインドの位置づけが、米中に匹敵するレベルにならないかぎりは、既存の秩序を受け入れることはありそうにない。

このように、自らの現状のハードパワーでは他の列強には敵わないとき、あるいは列強に近づきつつあるとしても、インドが取るに足らない存在でしかなかった時代に西側先進国主導でつくられたグローバルな構造／制度に対し、インドは不満を表明し、その変革を求めてきた。したがって、領土の変更という意味ではないが、グローバルな舞台でのルールの修正を求めるという意味においては、インドは修正主義国家なのである。自らのパワーが限定的な域外では、現行の構造／制度を変えることが概して国益に適うからである。

域内大国としてのインド

ところが、インドは域内では正反対の方針を採用している。ここでいう「域内」とはインドが自らの勢力圏（であるべき）と考える近隣地域のことだが、かならずしも客観的に、また固定的に定義される地域ではない。もちろん、ヒマラヤ山脈で仕切られた南アジアは間違いなくここに含まれるが、インドのハードパワーの増大とともに「近隣（neighbourhood）」の概念は広がっていく傾向がみられる。近隣諸国への善隣外交で知られたグジュラールは、一九九七年一月に外相としてコロンボで行った講演で「直接ならびに拡大近隣（immediate and extended neighbourhood）」という表現を用い［Gujral 1997］、同年、首相となってからの国連総会演説では「歴史を共有するより大きな近隣（our larger neighbourhood）」としてASEAN諸国を位置づけた［UNGA 1997］。当時インドが進めていたルック・イースト政策や環インド洋協力等が念頭にあったものと思われる。その後のインド人民党主導のヴァジペーイ連立政権以降、この「拡大近隣」という概念は頻用されるようになる。その結果、現代インド外交を世界のレベルを含む三層構造としてとらえて分析する動きが広がっている［堀本 2015a: 13-30; 溜 2020: 201-214］。

こうした認識自体に異論はない。とくに二一世紀に入ってからの「拡大近隣」は、インド洋地域や中央アジアといった、中国の新たな影響力浸透に対抗すべき地域として描かれている。これに対し、「直接近隣」は以前からのインドの「庭」であり、いまでも基本的にはインドの優越性が確保されている地域とされる(23)。とはいえ、「直接近隣」であれ、「拡大近隣」であれ、インドが主観的な認識として、自らの勢力圏である、ないし勢力圏であるべきと考えている地域である点では同じである。そこでは自らの支配と優越性を確固たるものにする「現状維持」が基本戦略となるのも変わらない。その意味ではどちらも、秩序変革を求めるグローバルなレベルとは明らかに異なる、「域内」として位置づけられるだろう。

パキスタンについては次章でみるが、それ以外の域内小国に関しては、本質的にはそこでのインドの支配を揺るがす存在ではない。こうした国々には、正規戦はいうまでもなく、パキスタンがやってきたような非正規戦すら、インドに仕掛ける意思も能力もあるとは考えられないからである。他方で、こうした小国が連携して一九八〇年代に地域協力の枠組みを模索したとき、インディラ・ガンディーは「徒党を組んで」インドに対抗する動きではないかとの警戒感を隠さなかった［Dixit 2001: 341］。最終的には、社会経済協力に限定し、「二国間問題」を討議の対象外とするということで南アジア地域協力連合（SAARC）は発足をみたが、インドは概してこれに積極的な態度をとってこなかった。

圧倒的なパワーをもつがゆえに、ＳＡＲＣでの多国間協力よりも、ネパール、ブータン、バングラデシュ、スリランカなどとの二国間貿易協定を重視してきたのである。南アジア域内における超大国としてのインドにとっては、他の国々が結びつかず、ばらばらでいてくれる国家間関係の現状を維持していくほうが望ましい。

したがって、こうした「より小さな隣人たち」とのあいだでインドにとって重要なのは、まずもって域外勢力に介入と影響力拡大の機会を与えないことである。万一これに失敗した場合には、ただちに現状への回復を図らなければならない。そのためには、それぞれの国内での危機や紛争はもちろん、各国内の権力闘争や経済協力を求める声にも無関心ではいられない。実際のところ、インドは近隣諸国との関係では、しばしば「不介入」の原則を放棄し、介入も辞さない姿勢をみせてきた［Saran 2017: 39; Mohan 2008: 62-68］。

スリランカへの介入と地域覇権

インドの対スリランカ政策は、タミル人のエスノ・ナショナリズムと州政治に規定されるところが大きく、それがしばしば中央の指導者の政策を阻害してきたことはすでにみた。とはいえ、州と中央の採用したい政策がつねに対立関係にあったというわけではない。少なくとも一九八三年にコロンボで暴動が起きたとき、州と中央の意向は奇しくも合致していた。情動的見地からタミル人への支援を主張する州に対し、インディラ・ガンディー首相には、パキスタンと中国が軍事支援をしていた当時のスリランカ政府を弱体化させ、インドの影響力を取り戻そうとする思惑があった。さらにアメリカの影響力が強まるのではないかとの疑心暗鬼もそこに加わった。そこでインディラは諜報機関の調査分析部（RAW）をつうじてタミル・イーラム解放の虎（LTTE）に武器、装備、訓練を提供したものと広く信じられている［Cohen 2001=2003: 229; Brewster 2014: 46-49］(24)。

その後、ラジーヴ・ガンディー首相が、タミル・ナードゥ州の強い要請に応えて独自の平和維持部隊をスリランカに派遣したが、これも地域覇権を追求するインド中央の狙いと合致していた。放置すれば、国連や域外大国の介入が予想され、スリランカが西側の戦略構造に組み込まれかねないという危惧があったからである［Muni 1993: 57; Kaur 2002: 183-194］。

モルディブでは、一九八八年、反政府勢力がタミル人過激派の傭兵部隊とともに、国内の拠点を占拠してガユーム大統領の失脚を企てた。これに対し、当時警察以上の実力組織をもっていなかったモルディブ政府は、インドのほか、米英にも軍派遣を要請した。ラジーヴ・ガンディーは、一六〇〇人のインド兵を即座に送って、事件発生のその日のうちに反乱部隊を鎮圧してみせた。結果的に米英が関与することはなかった［Gupta 2012］。

スリランカの場合にはこれがその後の紛争のエスカレートを招いたのは明らかだが、こうした介入は、少なくともそれぞれの時点において、インド中央の指導者による、域外勢力の浸透を阻止するための合理的な行動として理解できるだろう。ところが二一世紀に入ると、インドの現状維持プロジェクトは、従来からの国内的制約要因にくわえて、急速に台頭しその勢力圏を拡大するのを隠さない中国からの大きな挑戦に直面するようになった。インドに正面から歯向かうパキスタンが中国とのあいだで冷戦期から「全天候型の友好関係」を築いてきたことは、知られている。それは中国の対インド戦略のうえでも当然だった。しかし二一世紀に入ると、中国は他の小国にも、インドの隙を突くかのようにその影響力を広げていく。いまや日本などの先進国を上回る中国の経済・軍事的リソースは、インドとは桁違いであり、安保理常任理事国としてその政治力も絶大である。それゆえ、インドがエスノ・ナショナリズム、州政治、あるいは現状の誤認、戦略ミス、また一貫性を欠いた政策によって、中国に入り込む機会をいったん許してしまうと、もはやいかなる手を打っても失点を取り戻せなくなるという傾向がみられる。

スリランカでは、インドならびに欧米諸国が内戦終結過程でも内戦後も、タミル人問題をめぐってマヒンダ・ラージャパクサ政権と距離を置くうちに、中国が戦略的・経済的関係を着々と構築・強化した。二〇一四年五月に連邦下院で過半数を有するモディ政権が誕生してから、インドはラージャパクサ政権との関係構築に乗り出しやすくはなった。モディ首相は、タミル・ナードゥ州地域政党の反対を押し切って、自らの就任式典にラージャパクサ大統領を招いた(25)。しかし、このときにはすでにスリランカは、中国への依存から抜け出せなくなっていたのである。同年秋、コロンボに人民解放軍の潜水艦が二度にわたり寄港したことにインドは失望を隠さなかった。そこで年明けのスリランカ大統領選挙に向け、インドはまたしてもRAWを使って、反ラージャパクサ勢力の結集に動いたといわれる(26)。その結果、たしかにラージャパクサは敗れたものの、新たに成立したシリセーナ政権も、中国からの巨額の「債務の罠」からは逃れることができなかった。戦略港になりかねないとしてインドが警戒してきたスリランカのハンバントタ港は、二〇一八年から向こう九九年間にわたって中国企業に権益が譲渡されることとなったのである。

その後、スリランカでは、反ラージャパクサで結びついたシリセーナ大統領とウィクラマシンハ首相との対立が深まるなか、二〇一九年四月には連続爆破テロ事件が起きる。結局、同年一一月の大統領選挙では、治安対策強化を掲げたマヒンダ・ラージャパクサ前大統領の弟、ゴーターバヤ・ラージャパクサが勝利し、マヒンダを首相に指名して、「親中派」であるラージャパクサ一族の復権を許す結果となった。ゴーターバヤは、中国からの投資に代わりうるものを他国が提供しなければ、結局は中国の「一帯一路」に依存せざるをえないと、率直に語っている（*The Hindu*, Dec. 1 2019）。

インドの「庭」への中国の進出

中国の影響力は、いまやヒマラヤ山脈という物理的な壁も乗り越えつつある。インドにとってネパールは元来、巨大な中国の脅威を阻止するために不可欠な存在であった。中国に共産党政権が成立するなかでネルーは一九五〇年、インド・ネパール平和友好条約を締結し、経済・安全保障で両国の一体化を進めた。その後一九九〇年代半ばからはじまったネパール内戦の終結に向けてインドは主導的な役割を果たし、二〇〇六年に内戦は終結する。武装勢力マオイスト（ネパール統一共産党毛沢東主義派）の武装解除と制憲議会選挙実施のためにインドは「必要悪」として、国連ネパール支援団

（ＵＮＭＩＮ）の受け入れを許した。それでも、この時点ではインドの戦略は少なくとも「部分的には成功」していた［Destradi 2012b: 124-128］。二〇〇八年の制憲議会選挙でマオイストが第一党となって以降、少しずつ中国の影響力が広がる動きはあった。それでも、マオイスト政権はほどなく崩壊し、インドの優位性が揺らぐほどではなかった。

モディ首相は二〇一四年の就任直後に、インドの首相としてはグジュラール以来、一七年ぶりにネパールを訪問した。翌二〇一五年四月、ネパールが大地震に見舞われ、甚大な被害が報告されるやいなや、モディ首相は地震発生当日のうちに空軍輸送機で三〇〇人の救助隊と大量の支援物資を送った。ネパール国内では党派を超えてインドへの肯定的な見方が広がった。

しかし、その大地震後の二〇一五年九月、ネパールで内戦後の新憲法が合意・成立[27]すると、風向きが変わる。各国が新憲法制定を歓迎する声明や談話を発表するなか、インドは隣国の憲法制定を祝福するどころか、逆に深い憂慮を示した。憲法への抗議活動により、インド国境に近いタライ平原が騒乱状態になっていたからである。ここに住む少数派住民のマデシは、新憲法下では自分たちの州の区割り要求が考慮されず、結果的に政治的影響力を奪われかねないとして反発していた。

じつは、このマデシという住民は民族的・社会的にインドに親近感をもち、とくに隣接するインドのビハール州の住民とは血縁関係にある者も少なくないといわれてきた。それゆえ、当時行われていたビハール州議会選挙で、政権与党のインド人民党が支持を獲得するために、マデシに配慮した政策をとったとの見方も出た（*The Statesman*, Nov.3 2015）。ネパールでは、インドがマデシを動かし、国境封鎖のカードをちらつかせながら、憲法修正を迫っていると受け止められた。内陸国のネパールは陸上の輸送ルートをインドに全面的に依存しているからである。新憲法下で発足したオリの率いるネパール共産党統一マルクス・レーニン主義派政権は、インドに強く反発し、北京で燃料供給の覚書に調印するなど、対中接近を強めた。

その後、二〇一六年七月、オリ政権は内部崩壊するが、ネパールではこれも「インドの手によるもの」だと信じられた。タライ平原の騒乱にしろ、ネパール政局にしろ、インドが意図的に関わったのかどうかはかならずしも定かではない。しかしいずれにせよ、一連の政策が、ネパールにおいてインドへの不信感を広げたことは間違いない。

二〇一七年末に実施されたネパール総選挙は、ネパール共産党統一マルクス・レーニン主義派とマオイストが左派連合を形成し、圧勝を収めた。その結果、インドからみると「親中派」のオリがふたたび首相の座に就くこととなった。この選挙結果は、ネパール国民が共産主義を受容したからではなく、「新しいナショナリズム」が芽生えつつあることによると指摘されている。それは、安定した政治や開発を求める声とともに、インドに対抗する強い自己主張から構成されているといわれる［Muni 2017］。すなわち、インドの度重なる「内政干渉」とみられる動きが、国民の反インド感情を煽り、いまや中国という選択肢を手に入れたことによるネパールのインド離れを引き起こしたのである。

この「中国カード」は、モルディブやブータン、さらにはモーリシャスやセーシェルといった「拡大近隣」の一部でも、いまやそれぞれの国内政治論争のなかに入り込んでいる。モルディブでは、二〇一二年の「親印的」なナシード大統領の失脚以降、とくにヤーミン大統領の強権政治下で対中依存が鮮明になり、インドは貸与してきた軍用ヘリの回収すら求められた。二〇一八年の大統領選挙では、反対派の弾圧や汚職などへの反発から、当初の予想を覆してナシード側近のソリが大統領に就任し、インドは安堵するとともに歓迎した。しかしこのときまでに、すでにモルディブの対中債務はＧＤＰの四分の三近くにまで膨れあがっていた。スリランカ同様、「親印政権」になったからといって、中国の影響力から脱け出させるのは容易ではない。

インドに最も柔軟な近隣国とみなされてきたブータンにすら、中国の影がちらつきはじめた。二〇〇八年の立憲君主制への移行に伴い最初の政権を担ったブータン調和党は、中国との国交樹立に意欲を示すなど、対中関係構築を図る動きをみせたのである。ブータンがインドの頭越しに中国との国境問題を解決しようとするのではないかという懸念がインドに生まれた［Bisht 2010: 351］。意図したものかどうかはこの場合も定かではないが、二〇一三年の総選挙の決選投票直前にインドはブータンへの家庭用燃料補助金を停止し、ネパール同様に、内陸国であるブータンで燃料価格が高騰する(28)。これを受け野党側は政権与党の対中接近を厳しく批判した。結果的に決選投票では野党の人民民主党が、予備選時の順位を逆転して勝利を収め、政権交代が起きた。この人民民主党政権下の二〇一七年、中国とブータンの係争地であるドクラム高地に人民解放軍が入ると、モディ政権はただちに部隊を送り、現状維持に努めた。ブータンに関しては、中国の影響力浸透をなんとか阻止できてはいるものの、このままでは長期的にはネパールで高まったような反インド感情を生み出しかねないと危惧されている

（*The Hindu*, July 15 2013）。

「インドの海」での苦戦

南アジアを越えた「拡大近隣」においては、インドは中国の攻勢にいっそう苦戦している。とりわけインド洋は文字通り「インドの海」として、自分たちの所有物であるかのような認識が強く、域外大国のプレゼンスについては、「正統性がない」ととらえる傾向がある［Brewster 2018: 18］。もっとも実際には、冷戦期のインドでは海軍は軽視されており、海域全体にパワー・プロジェクション（戦力投射）能力をもっていたのは、インド洋の中心であるディエゴ・ガルシア島に基地を有するアメリカだった。しかし当時のインドにはアメリカに対抗する術はなく、表面上は「インド洋平和地帯構想」を支持しつつも、現実政治の見地からアメリカのプレゼンスを容認していた［Joshi 2019: 26-49］。

ところが二一世紀に入り、インドがかつて国境戦争で敗れた中国がこの海域に進出しはじめたことが、インドを刺激するようになった。くわえて中国の進出は、アメリカのそれとは異なり、これまでインドが優位性を誇ってきたこれら地域における社会経済分野にも及んだ。その結果、インドは政治上も、安全保障上も、そして経済上も、「インドの海」を維持する必要性に迫られたのである。

典型的なのは地域的にはアフリカに属するセーシェルとモーリシャスであろう。一九八〇年代に両国で相次いだ政変の動きに対し、時の政権の求めに応じて公然・非公然のかたちで圧力をかけて抑え込むなど、インドは圧倒的な影響力を行使してきた［Brewster and Rai 2011: 58-62; Brewster and Rai 2013: 62-

74]。この西インド洋の島嶼国とケニアやタンザニアなどの東アフリカの沿岸国には、英領時代の一九世紀半ばにインドから契約労働者として渡っていったひとびとの子孫であるインド系移民(PIO)が住んでおり、人口の相当数を占めている。なかでも、モーリシャスはインド系が全人口の七割にのぼるほどインド的な社会として知られる。

ところが中国の影響力は、これらの地域にも及びはじめたのである。中国からの大規模な投資プロジェクトが増え、裕福な中国人観光客が続々と押し寄せる。ビジネスにおいて中国語のニーズが高まり、現地の大学には孔子学院が次々と設置された。ソマリア沖やアデン湾での人民解放軍海軍の海賊対処活動がはじまると、軍事的な影響力も広がっていった。セーシェルが二〇一〇年に中国海軍への港湾の使用とあわせて中国の軍事的プレゼンスを許容すると申し出ていたと報じられると(*The Wall Street Journal*, Dec. 14 2011)、このことはインドの外交・安全保障関係者に大きな危機感を抱かせた[Singh 2011]。このころには、パキスタンのグワダル、スリランカのハンバントタ、バングラデシュのチッタゴン、ミャンマーのシットウェなど、インド近海での中国による大規模港湾建設、いわゆる「真珠の首飾り」戦略がすでにインドの懸念となっていた。その後中国は二〇一五年にはジブチに自前の海外軍事基地をつくることを決め、二〇一七年からその運用を開始した。

中国の影響力拡大を食い止めたいインドは、セーシェルとモーリシャスでの拠点構築を急いだ。二〇一五年三月に両国を訪問したモディ首相は、セーシェルのアサンプション島とモーリシャスのアガレガ群島における港湾・空港等の整備・建設計画の合意をとりつけた。ところがそれぞれの覚書の具体的な中身は公開されず、両国内ではインドの軍事基地として利用されるのではないかとの疑念が広がった。モーリシャスにはかつてイギリスからの独立時にディエゴ・ガルシア島を含むチャゴス諸島を、アメリカに「奪われた」という記憶が強く、議会では野党側が追及を強めた。

セーシェルに至っては、インドのプロジェクトは完全に暗礁に乗り上げてしまった。[29]二〇一六年九月の総選挙で多数を占めた野党側が大統領に覚書の開示を求め、インドは二〇一八年一月、セーシェルの懸念に対処するため、覚書の改訂に応じた。モディ政権は、野党議員団長がインド系であることを利用すべく、このときニューデリーで開かれた第一回世界PIO議員会議の「特別ゲスト」として彼を招待するなどの取り込みを図った。ところが、その直後、セーシェル国内で政府と与野党幹部以外には示されていなかったはずの協定本文と施設設計図が外部に流出してしまったことで、状況は一変する。暴露された文書からは、インドが軍事目的でアサンプション島を利用し、武器を携行した海軍の常駐も可能にしていることや、港湾や滑走路の規模が民間目的のレベルを超えていることが窺えた。[30]メディアと世論から上がる批判の声を前に、野党は計画反対の姿勢を鮮明にした。議会の支持が見通せなくなったセーシェルのフォール大統領は、協定を断念する考えをインド側に伝えざるをえなくなった。

こうした「失敗」は、インド系移民との絆についての楽観論や大国主義、現地の社会・政治情勢に対する無理解に起因するところが大きい。[31]中国の攻勢を前に、歴史的・文化的なつながりをもち、圧倒的に有利であったはずの西インド洋と東アフリカにおいてさえ、インドの影響力はもはや安泰なものとはいえなくなりつつある。そうなると、もともと優位性すらもたない他の「拡大近隣」において、中国の進出を排除するのは単独では難しい。

「拡大近隣」での多国間協力の難しさ

ここに、日米豪やASEANなどとの二国間・多国間での協調政策の意義がある。もちろん、それは「域内」に「域外」勢力を招くことを意味するのであるから、ジレンマもある。したがってこうした他国との連携は、望むらくはインドが主導的な役割を担うかたちで進められるべきであり、少なくとも特定の大国が支配するような枠組みにならないよう、注意深く進めなくてはならない。一九九〇年代後半にインドが南アフリカやオーストラリアなどとともに形成した環インド洋連合（IORA）[32]や、ルック・イースト政策を提唱するインドがタイとともに進めたベンガル湾多分野技術・経済協力イニシアティブ（BIMSTEC）[33]は、この観点からみれば理想的な経済協力枠組みといえる。インドが提唱して二〇〇八年からはじまったインド洋海軍シンポジウム（IONS）は、年々参加国を増やしつつも、あくまでもインド海軍が主導権を握る枠組みとなっている。

これに対し、中国がその「核心的利益」と位置づける南シナ海沿岸地域で影響力を確保するための方策は、きわめて慎重なバランスを意識しつつ、防御的なかたちで進めざるをえない。もちろん、この地域における中国の支配とその秩序・ルールの押しつけは、日米などにとってだけでなく、「ルック・イースト」にくわえてモディ政権になってからは「アクト・イースト」を掲げて、ベトナムなどマラッカ海峡の向こう側へと戦略的関心を広げるインドにとっても容認できるものではない［Mohan 2011］。しかしここではアメリカの関心とプレゼンスが大きいうえ、インドが西インド洋でもっていたような歴史的強みもほとんどない(34)。それゆえ、インドとしてはＡＳＥＡＮ中心の多国間枠組みを模索しそれを支援することで中国の影響力を削ぎ、中国による現状変更の企てを阻止するのが基本戦略となるだろう。二〇〇二年以降開催されるようになったインド・ＡＳＥＡＮ首脳会議はそうした試みであり、二〇一八年六月のアジア安全保障会議（シャングリラ・ダイアローグ）でのモディ首相によるインド太平洋観にもそれは明確に示されている。

（インド太平洋の）中心は東南アジアであります。ＡＳＥＡＮはこれまでも、そしてこれからも、その未来の中心となるのです。われわれが、この地域における平和・安全保障アーキテクチャーに向けた協力を模索するときには、そのことこそが、一貫してインドを導くビジョンとなるのです。
［MEA 2018］

中国による南シナ海での一方的な現状変更の動きに反対する声明を日米などとともに出し、マラバール演習のような示威行動で牽制する。しかしアメリカとの同盟はいうまでもなく、大国が主導する「インド太平洋戦略」にも乗らない。これは、第2章でみたインド外交の戦略文化の見地から当然であるばかりか、「域内」のうちで最も不利な環境である東南アジアでインドがとりうる、精一杯の現状維持政策なのである。

　本章でみてきたように、インド外交には、域内現状維持と域外修正主義が併存してきた。もちろん、インドのハードパワーの増大に伴い、域内でアメリカが印パ間の「危機管理」的な役割を果たすのを容認したり［伊藤 2004b: 235-254］、ＳＡＡＲＣにおいて相互主義にこだわらず、「非対称的な役割」を担う意思を表明するなど［MEA 2007b］、現状維持にこだわらない兆候もたしかにみられる。また域外でも、ＣＯＰ21の際に示されたように、すべての義務を拒否するのではなく、自ら削減目標を提示するような動きもないわけではない。それでも、インドのパワーが地域では圧倒的であったとしても、世界では米中のそれにはとうてい及ばないという現実を踏まえると、今後も当面のあいだは、域内での現状維持と域外での修正主義がインド外交の基本的制約要因として作用しつづけるものと思われる。

　次章では、これまでに論じてきた枠組みをもとに、現代インド外交におけるおもな課題のうち、印パ関係、対大国外交、日印関係の展開をどのようにとらえたらよいのかを考えてみたい。

（1）本節は伊藤［2004a: 69-75］を下敷きとして、大幅に加筆修正したものである。
（2）こうした要素はインドの地域覇権の野心への「アリバイ」にすぎないとする議論もある［Krishna 1999］。しかし、少なくとも一九八〇年代半ばには、内戦の激化を受けて多くの難民がタミル・ナードゥ州に押し寄せ、エスノ・ポリティクスが同州を支配していたことを念頭に置くならば、ディクシットの「証言」にまったく真実味がないと片づけるのは無理があると思われる。
（3）ヴァジペーイ政権の連立与党であった復興ドラヴィダ進歩連盟（ＭＤＭＫ）の党首ヴァイコ連邦下院議員は、二〇〇二年七月、ＬＴＴＥ支持の演説を行ったとして、テロ防止法（ＰＯＴＡ）違反で逮捕された。
（4）第三次印パ戦争開戦直前の一九七一年一一月までに、西ベンガル州に七五〇万人、トリプラ州に一四〇万人、メガラヤ州に七〇万人、アッサム州に三〇万人の難民が東パキスタンから流入していた。
（5）しかしシク教徒総本山である黄金寺院を破壊することとなった同作戦は、多くの一般のシク教徒に衝撃を与え、結局インディラは、自らを警護していたシク教徒に射殺されることとなった。
（6）本節は伊藤［2015b: 283-306; 2015c: 8-22］を下敷きとして、大幅に加筆修正したものである。
（7）一九七五年に非常事態宣言を出すなど、権威主義色を強めたインディラ・ガンディーに対し、国民は一九七七年の総選挙でノーを突きつけ、国民会議派はこのとき初めて連邦下院での過半数を失い下野した。しかし反インディラの寄せ集めであったジャナタ党政権は、ほどなく分裂が表面化し、任期途中の一九八〇年の解散総選挙の結果、インディラ率いる国民会議派が政権に復帰した。
（8）たとえば、二〇〇八年、アメリカとの原子力協力をめぐって左翼勢力が閣外協力を撤回したため、マンモーハン・シン政権が連邦下院過半数の支持を確保しているかの証明を求められた際には、野党だったウッタル・プラデーシュ州の社会主義党（ＳＰ）が支持に回った。また二〇一九年、モディ政権がジャンムー・カシミール州に関する憲法第三七〇条の適用を停止し、二分割して連邦直轄領とする議案を出した際には、野党陣営から、ウッタル・プラデーシュ州におけるＳＰの対抗政党である大衆社会党（ＢＳＰ）、アーンドラ・プラデーシュ州のテルグ・デーサム党（ＴＤＰ）、デリーとパンジャーブ州の庶民党（ＡＡＰ）などが支持に回った。上院で過半数を欠くモディ政権の与党連合がこれらの地域政党から支持を得られたことの意味は大きかった。
（9）これに先立ち、ナラヤナン国家安全保障顧問が駐印スリランカ大使を呼び、自制を強く促した［MEA 2008b］。
（10）ストックホルム国際平和研究所（ＳＩＰＲＩ）のデータベースにもとづくと、一九八七年から二〇〇八年までのスリランカへの武器移転の総額は、中国が六億一七〇〇万ドルで全体の三分の一を占める。インドは五九

○○万ドルで中国の一〇分の一にも満たなかった。インドは二〇〇六年から武器移転を再開するが、それでも中国の四分の一の規模にとどまっていた（https://www.sipri.org/databases/armstransfers）。

（11）マンモーハン・シン政権への配慮か偶然かは不明だが、インド総選挙終了後に実行された。

（12）二〇一三年から理事国となった日本は「棄権」を選択した。日本でさえアメリカの要請に応えず、対中戦略の観点からスリランカとの関係構築を優先したものとみられている。

（13）ＤＭＫは単独で戦い、ＡＩＡＤＭＫは「第三戦線」として他の地域政党らと連携した。結局、国民会議派はタミル・ナードゥ州で一議席も獲得できず、全国レベルでの歴史的な惨敗を喫する一因となった。

（14）タミル・ナードゥ州選出の国民会議派の重鎮であるチダンバラム蔵相は、政府の方針に公然と異を唱えた（*The Hindu*, March 29 2014）。重要閣僚の主張さえ通らなかったのは、それまでＤＭＫに配慮してきたのとは対照的である。

（15）西ベンガル州における国民会議派の権力闘争のなかで一九九七年にバナジーが「草の根会議派」を設立し、一九九九年から現在の党名に変えた。

（16）当然、議定書合意時の国民会議派を含むＵＰＡは賛成であったため、たとえ反対したとしても意味はなかった。結局、上下両院とも全会一致で可決された。

（17）二〇二〇年六月時点で連邦上院全二四五議席中インド人民党は八五議席で、与党連合ＮＤＡ全体でも一一六議席にとどまる。全インド草の根会議派は一三議席をもっており、計算上は合わせれば過半数を超えることになる。上院は国民による直接選挙ではなく、州議会の状況を反映するかたちで選ばれ、法案については、両院の過半数の賛成がなければ成立しないことになっている。

（18）一九九六年のガンジス川をめぐる協定を持ちかけたのもハシナ政権だったが、ハシナ首相は当時西ベンガル州首相を務めていたＣＰＩ（Ｍ）のバスーと良好な関係にあり、バスー自身が協定の実現に向けて積極的な役割を果たした［Hossain 1998: 140-141］。さらにＣＰＩ（Ｍ）はＨ・Ｄ・Ｄ・ゴウダ首相率いる連邦政府にも参画しており、外相のグジュラールが近隣諸国への「善隣外交」を掲げていたという幸運も重なっていた。

（19）インド共産党マルクス主義派（ＣＰＩ（Ｍ））の率いるトリプラ州の政権を西ベンガル州首相ママタ・バナジーは敵視していた（http://www.tripurainfoway.com/news-details/tn/63901/mamata-rsquo-s-mission-to-wipe-corrupt-cpi-m-era-in-tripura-mamata-cyclone-will-kick-out-manik-sarkar-led-cpi-m-in-2018-assembly-election-cpi-m-planning-further-communal-unrests-to-reap-political-benefits-rsquo-says-tmc-vp-mukul-roy.html）。バナジーにとって西ベンガル州のCPI（M）は最大の政敵であり、二〇一六年の同州の州議会選挙でCPI（M）が国民会議派と選挙協力を行ったことが彼女の怒りに火をつけたものとみられている。なお、二〇一八年のトリプラ州議会選挙でCPI（M）はインド人民党に政権を奪われた。

（20）本節は伊藤［2004a: 65-69］を下敷きに、大幅に加筆修正したものである。

（21）二〇〇九年一一月の米CNNによるインタビュー（http://transcripts.cnn.com/TRANSCRIPTS/0911/29/fzgps.01.html）。

（22）「直面する問題は、国連の決定ないし投票によって、その拒否権を取り除くことになれば、まさにその瞬間から、間違いなく国連は存在しなくなってしまうということでありました。したがって選択しなければならなかったのです。拒否権を好んだという問題ではありません。多くの国々と同様、インドを代表して、拒否権は好ましくなく、廃止されるべきだと公然と主張してきました」（一九四八年三月八日、憲法制定議会での演説［Nehru 1961: 32-33］）。

（23）この点で溜和敏は、パキスタンはインドの「直接近隣」の範囲外に位置づけられているのではないかと論じている［溜 2020: 206］。

（24）LTTEの財政担当者は二〇一七年のインタビューで、タミル・ナードゥ州首相のラーマチャンドランからだけでなく、インディラからも支援されていたと明かした（*Daily Mirror*, May 22 2017）。

（25）総選挙で躍進した全インド・アンナ・ドラヴィダ進歩連盟（AIADMK）をはじめとするタミル・ナードゥ州の地域政党は、就任式をボイコットしたほか、街頭デモを繰り広げた。しかしいまや連邦下院の議席数の点では、タミル・ナードゥ州の二大地域政党の協力を必要としないモディ政権は、スリランカ大統領の招待に踏み切ることができたのである。

（26）ロイターなど複数の報道によれば、在スリランカ大使館に所属するRAWの関係者が、野党関係者と盛んに面会し、反ラージャパクサ陣営の一本化を画策したとされる（https://www.reuters.com/article/us-sri-lanka-election-india-insight/indian-spys-role-alleged-in-sri-lankan-presidents-election-defeat-idUSKBN0KR03020150118）。

（27）ネパールでは、一九九六年から制憲議会が発足して一〇年あまりに及ぶ内戦が終結したのち、二〇〇八年には王制廃止後の新体制の議論が開始された。しかし政党間対立が長引き、二〇一三年には制憲議会選挙を再度実施するという異例の事態となっていた。

(28) インド政府は選挙に影響を及ぼす意図はまったくないと主張した。政府筋によれば、補助金停止は外務省と石油・天然ガス省というインド省庁間の意思疎通がうまくいかなかった「ミス」にすぎないという。

(29) セーシェルはいわゆる大統領制を採用しており、二〇一六年九月の総選挙で初めて行政府と立法府の多数派の政党が異なる「ねじれ」現象が生じた。

(30) ユーチューブに「告発」の動画がアップされた(https://www.youtube.com/watch?v=qOwG9jhRZxE 最終閲覧日二〇二〇年六月二五日)。

またこの動画から協定文書等の画像ファイルにアクセスできるようになっている(https://drive.google.com/drive/folders/1WLBV0LF0fhTFD_FM3iP6oRtX4506ulzF 最終閲覧日二〇二〇年六月二五日)。

(31) 筆者が二〇一八年八月と一〇月に行ったインド、ケニア、セーシェル、モーリシャスでの外交・安全保障関係者、ジャーナリスト、研究者等への複数のインタビューにもとづく。

(32) 一九九七年に環インド洋地域協力連合(ＩＯＲ－ＡＲＣ)として一四カ国で発足。二〇一三年に現名称に変更された。二〇二〇年時点での加盟国数は二二カ国にのぼる。インドはパキスタンの加盟を阻止しつづけてきた。

(33) 一九九七年にバングラデシュ・インド・ミャンマー・スリランカ・タイ経済協力(ＢＩＭＳＴ－ＥＣ)として発足し、その後ブータン、ネパールが新規加盟し、二〇〇四年に現名称に変更された。

(34) もちろん、東南アジア諸国にもミャンマー、マレーシア、インドネシア、シンガポールなどインド系移民の多い国はあり、インドネシアとの関係のように非同盟運動時代からのつながりもある。しかし華人・華僑の数はそれを上回るし、政治や経済において支配的な地位を占めているケースが多い。貿易・投資でもＡＳＥＡＮにおける中国のプレゼンスはインドとは比較にならない。

第4章　インドのおもな対外関係——直面する課題

(1) パキスタンとの「持続的紛争」——対立はなぜ終わらないのか？

凄まじい怒りがあることはわかっている。事件を目にした諸君の血は煮えたぎっていることだろう。いますぐにでも強力な反応をみせてほしいという期待や気持ちがあることだろう。それはまったく自然なことだ。

われわれはすべての部隊に対し、完全な権限を与えた。われわれは自らの部隊のもつ勇気と勇敢さに完全な信頼を置いている。(中略)

テロ組織とそれを支援し、けしかける連中に私がいいたいのは、お前たちは大きな間違いを犯している、ということだ。お前たちはその行動に対して重い代償を支払わなければならなくなるだろ

う。（二〇一九年二月一五日、モディ首相によるニューデリーでの演説［PMINDIA 2019］）

二〇一九年二月一四日、ジャンムー・カシミール州のプルワマで、準軍隊にあたる中央警察予備隊（CRPF）の車列が襲撃され、四〇人が犠牲となった。ほどなくパキスタンに根拠地をもつイスラーム過激派組織ジャイシュ・エ・ムハンマド（JeM）が犯行声明を出した。モディ首相による「報復」予告から一〇日あまり経った二六日早朝、インドの軍事作戦は実行に移された。一二機のミラージュ2000戦闘機がパキスタン空域に入り、カシミールの管理ライン（LoC）から六〇〜七〇キロ先のハイバル・パフトゥンハー州バラコット周辺を「空爆」したのである。インド空軍がLoCを越えて、パキスタンの「本土」を攻撃したのは、一九七一年の第三次印パ戦争以来のことであった。「本土」が公然と空爆されたパキスタンは、翌二七日、LoC付近のインド軍事施設を目標としたものと思われる爆撃を開始し、スクランブル発進したインド側と空中戦を繰り広げた(1)。

そもそも印パが分離独立以来の「宿命の対立関係」にあるなかで、パキスタン側から「越境テロ」行為が仕掛けられてきたという事実があるとしても、いまや「世界大国」への仲間入りを果たそうとしているインドが、なぜこの隣国とのあいだでは、緊張や武力衝突という光景を繰り返すのか。モディ首相のように、インドでは多くの政権が軍事力の行使を厭わない「現実主義」のアプローチを採用してきたからなのか。全般的な軍事力でいえば、インドが優勢ではあるが、インドはパキスタンだけでなく中国も意識しなければならない。これに対してパキスタンは米中との同盟に支えられ、一九九〇年代には核保有してその劣位を克服しようとした。印パ間の軍事力のそうした「不完全な非対称性」が、紛争を「持続的」なものにさせていると、アメリカで活躍するインド出身の国際政治学者ポールは主張する［Paul 2006: 615-625］。

しかしそれでも疑問は残る。一九四七〜四八年の第一次印パ戦争時、中国大陸は国共内戦の最中にあったし、アメリカは中立を維持し、そもそも調停にも消極的だった［Brands 1986: 42-43］。もちろん当時のインド亜大陸には核兵器もなかった。インド軍の優勢は、終盤になるにつれ明白なものとなった。にもかかわらず、ネルーは軍事的勝利を追求しなかった。たしかにそこには彼が期待をかける国連が、インドへのカシミールの帰属を認めてくれるはずだとの「誤算」があったかもしれない。しかしその「誤算」がはっきりしてからも、インド側が停戦ラインによって失ったカシミールを取り戻そうと動くことはなかった。同様に、明確にインドが勝利した一九七一年の第三次印パ戦争でも、カシミールの分断は終わらなかった。

この状況はその後も変わらない。両国が核兵器をもってからは、核戦争のぎりぎり手前での攻防がつづいた。他方でパキスタンが抱くインドへの敵意を和らげようとする対話の試みもあったが、それはつねに「越境テロ」によって頓挫してきた。インドとしては、力での解決だけでなく、話し合いによる解決すら見通せない。それはいったいなぜなのだろうか。

インドの対パキスタン外交におけるこうした問いの答えはおもに、カシミール問題にはインドという国民国家の維持がかかっていること、そしてインド優位の南アジアの現状変更を目論む「挑戦国」

パキスタンの行動を阻止することにインドの主たる関心があることから理解することができる。以下では、それぞれの観点から印パ関係をみてみよう。

対立の根深さ——脆弱な国民国家の維持

まず、なぜこれほどまでに対立するのか、なぜ譲歩ができないのか、ということから考えてみたい。今日までの印パ関係を分析・理解しようとするならば、一九四七年の分離独立という歴史の重みに触れないわけにはいかない。イギリスからの独立運動を率いたマハトマ・ガンディーをはじめとするインド国民会議派が「政教分離主義（セキュラリズム）」原則にもとづいて、英領インド一体での独立を構想していたのに対し、ジンナーらムスリム連盟は、そこから東西の翼をもぎ取るかたちで「ムスリム国」としてのパキスタンを建国した。

分離独立は印パ双方に深い傷を残し、相手への猜疑心を生みだした。パキスタン側にいたヒンドゥー教徒やシク教徒はほぼすべてがインド側へ、インド側にいた多くのムスリムがパキスタン側へと、着の身着のままでの移住を余儀なくされた。難民は一〇〇〇万人に達し、その過程で互いへの憎悪が、宗教間の暴力や略奪となってひとびとを傷つけ、多くの家族を引き裂いた［Butalia 1998=2002］。くわえて指導者レベルでは、印パの国民統合理念をかけた戦いがはじまることとなった。「ムスリム国」のパキスタンとしては、英領インドのうち、ムスリムの多い地域を自国に編入・維持しなければならない。他方、セキュラリズムのインドとしては、ムスリムもインド国内で安心して暮らせることを立

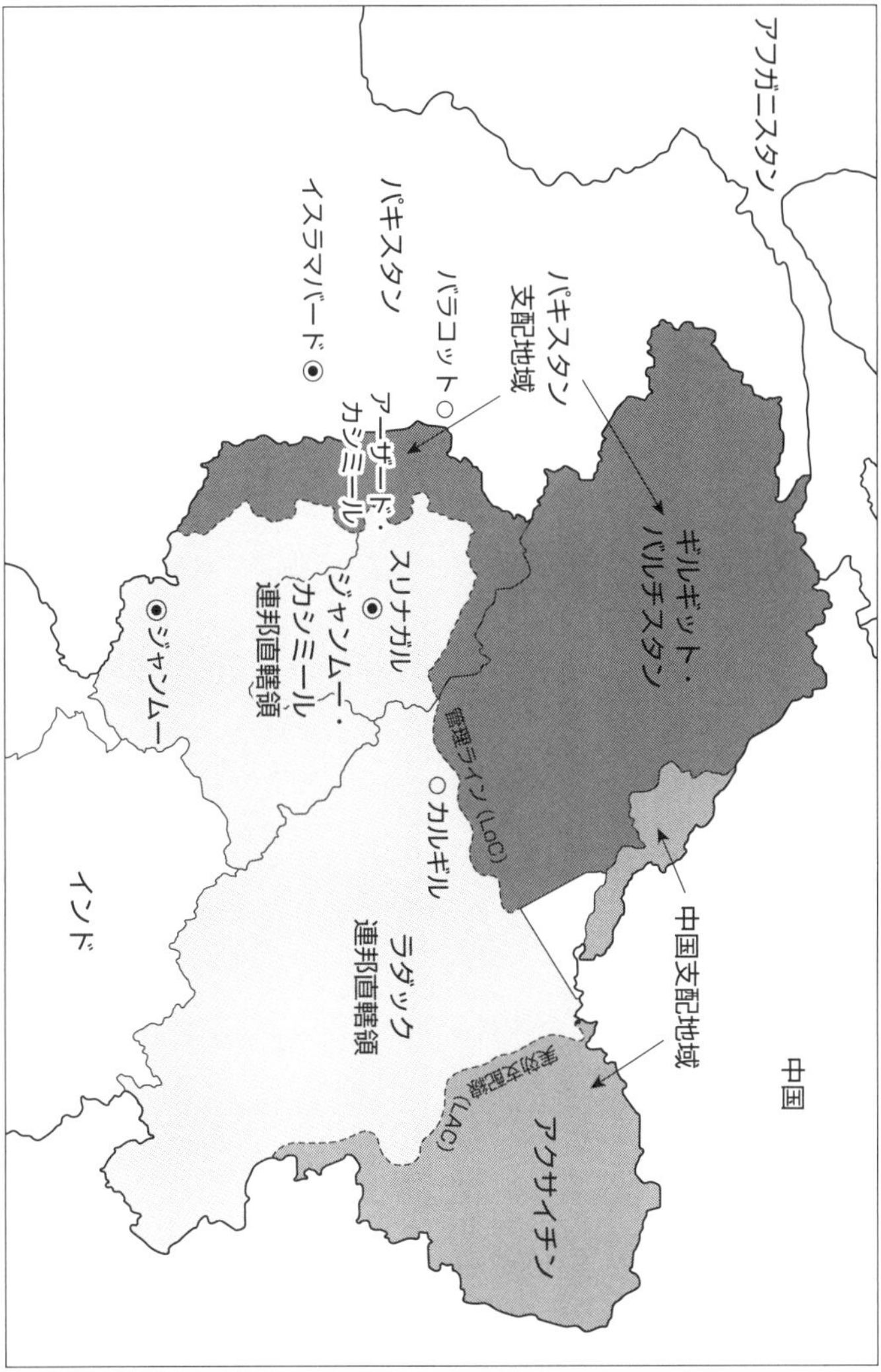
アフガニスタン
パキスタン
イスラマバード
パラコット
パキスタン
支配地域
アーザード・
カシミール
ギルギット・
バルチスタン
スリナガル
ジャンムー・
カシミール
連邦直轄領
ジャンムー
管理ライン（LoC）
カルギル
インド
ラダック
連邦直轄領
中国支配地域
実効支配線（LAC）
アクサイチン
中国

現在のカシミール地域

証してみせなければならない、ということになる。

両国の相容れない国民統合理念が激しくぶつかる舞台となったのがカシミール藩王国である。同藩王国は、英領時代にも一定の自治権を認められた「半独立国」だった。英領インド内にはこうした藩王国が五六〇あまりあり、分離独立に際して印パのいずれに属するのか決断を迫られた。そのなかでもカシミール藩王国では藩王（マハーラージャ）はヒンドゥー教徒だが、住民の多数はムスリムという「ねじれ」があった。そのうえ、カシミール藩王国は印パの新たな国境とアフガニスタンにも隣接し、どこに属するかはそれぞれの国の安全保障に直結する。政治的にもパキスタンとしては、まさに目の前にあるムスリム多住地域は、当然自国に編入すべきであり、「手の届く」ところにあるがゆえに、それが可能だと考えられた。

そこで分離独立から二カ月後には、パキスタンは「部族民」と非正規軍をカシミール藩王国に送り込んだ。武装勢力の侵入を前に、帰属を決めかねていた藩王ハリ・シングはインドへの帰属文書に署名し、助力を求めた。この選択を根拠にインドは軍事介入し、第一次印パ戦争が勃発する。国連には認められなかったものの、この帰属文書はインドにとってカシミールの「法的所有権」と認識された [Schofield 2003: 70]。法的にはインドに帰属するはずの地を、ムスリムが多いという理由で手放すとすれば、セキュラリズムの国とはいえなくなる。それは、カシミールにとどまらず、より広範な問題としてインドという「国民国家」を支える理念に危機をもたらしかねない。ネルーは、ジャンムー・カシミール州首相[2]のシェイク・アブドゥッラーがカシミールの独立を画策しているのではないかと疑い、アブドゥッラーの解任と逮捕を指示したとき、十分この点を認識していた。

われわれはカシミール問題を自らにとって象徴的な問題、インドにとって広範囲に甚大な結果をもたらすものとしてつねにみてきた。ムスリムが多数派であるにもかかわらず、カシミールが自らの意思でインドに帰属したいというのは、わが国がセキュラーな国家であることの象徴である。（中略）この問題は領土の一部がインドに属するか否かという問題ではない。もっと深い甚大な結果をもたらす問題なのである。（一九五三年九月一七日、連邦下院でのネルーの演説［Nehru 1958: 213］）

セキュラリズムを国是とするインドからすれば、カシミールのムスリムも「インド人」なのであり、ジャンムー・カシミール州は「インドの不可欠な一部」である。パキスタンに手を突っ込まれ、カシミールのムスリムがインドから出ていくようなことを許すとすれば、事はカシミールの領土と住民を失うということにとどまらない。宗教の違いを理由にインド連邦からの分離ができるのであれば、インドはもはや、セキュラリズムの国とはいえなくなってしまう。人口の十数パーセントにのぼるムスリム社会全体に動揺が生じるのは必至であろう。ヒンドゥー・ナショナリズムを掲げるインド人民党は、ヒンドゥーを中心としたインドをつくろうとしている点で国民会議派のセキュラリズム観とは異なるが、それでも、セキュラリズム自体を公式に否定してムスリムら他宗教のひとびとがインドからいなくなるべきだと主張しているわけではない。

セキュラリズムという国民統合理念にくわえて、印パの二国間問題としてのカシミール問題は、インド側カシミールを構成するジャンムー・カシミール州のエスニック紛争の展開と、きわめて密接に連関している。そのため連邦政府には、「国民国家」維持の見地から慎重な対応が求められた。ムスリム多住州の同州には、一九五〇年の連邦憲法第三七〇条と一九五二年のデリー協定をつうじて、独自の憲法制定権をはじめとして、他州にはない大幅な自治権が付与されていた。しかし中央は再三再四、州政治に介入し、徐々に連邦への統合を図った。一九八七年の州議会選挙において、それまで自治権拡大を要求して中央と対立してきた地域政党のジャンムー・カシミール民族協議会（JKNC）が、中央を支配する国民会議派との選挙協定と多くの不正により圧勝を収めると、議会政治に絶望したカシミール・ムスリムの若者の多くが、分離・武装闘争を支持するようになる。

パキスタン軍統合情報部（ISI）の介入が本格化したのは、この時点からである。カシミールの独立を掲げるジャンムー・カシミール解放戦線（JKLF）、ヒズブル・ムジャヒディーン（HM）などの過激派を、パキスタンは「解放戦士」と呼び、ISIをつうじ、資金、武器、訓練を提供するようになった。これはパキスタンからみると、三度の戦争を経てもはや通常戦争では勝ち目がないとわかった敵国インドへの対抗策であるのと同時に、カシミールをめぐる印パ間の紛争を有利に展開することを意図したものだった。そもそも「ムスリム国」を統合理念として建国されたパキスタンにとって、地理的にすぐ手の届くところにある「インド支配下のカシミール」で苦しむ同胞を支援するのは当然であり、世論もこれを強く支持した。

したがって、対パキスタン政策においては、カシミールをめぐるパキスタンの目論見に、いかに対抗するかがインドにとって重要になる。すなわち、ジャンムー・カシミール州内の分離・武装勢力の力を削ぎ、インド連邦内にとどめておくために、どのような政策を採用するかということである。「インド支配下のカシミール」での暴力を「解放闘争」と位置づけ、それに対する「政治的、外交的、道義的支援」を公言してはばからないパキスタンに対抗するために、インドはジャンムー・カシミール州で起きている現実は、パキスタンによる「代理戦争」であり「越境テロ」にほかならないと国際社会にアピールして、パキスタンへの圧力強化を求めた。そしてテロ輸出をやめることを対話の前提条件と位置づけた。

国内のエスニック紛争としてのカシミール問題を沈静化するためには、過激派に徹底した支援をつづけるパキスタンと、ジャンムー・カシミール州内の運動との物理的な連携に楔を打ち込むことが不可欠だからである。同時にそう主張することで、インドはこの暴力の責任を外部化することも可能になる。州内の抵抗運動は、内発的なものではなく、もっぱらパキスタンに扇動されたものなのだと、国民と国際社会に喧伝する狙いである。

二〇一九年八月、モディ政権はさらに一歩を踏み出した。インド側カシミールのインド連邦への完全な統合である。インド憲法で認められてきた(3)ジャンムー・カシミール州への特別規定を停止・廃止して、同州をジャンムー・カシミールとラダックに分割して連邦直轄領としたのである。アミット・シャー内相は、特別規定をなくさなければ、テロはなくならず、州の発展も阻害されたままになるなどと政府の決定を正当化した（*The Hindu*, Aug. 6 2019）。もちろん、ジャンムー・カシミール州では議会勢力も含めてこれに強く反発した。しかしモディ政権は州首相経験者を含む有力指導者を軒並み拘束し、通信も規制してこれを封じ込めた。これが可能だったのは、ジャンムー・カシミール州の規模と政治力がタミル・ナードゥ州や西ベンガル州とは異なっていたことが大きい。ジャンムー・カシミール州は、連邦下院で六、上院で四の議席しか割り当てがなく、地域政党が及ぼす国政への影響力はそもそも限定的だった。くわえて、モディのインド人民党は、前年、同州における地域政党の一つであるジャンムー・カシミール人民民主党（ＰＤＰ）との州政権での連立を解消していた。しかも単独で戦った二〇一九年五月の総選挙においてインド人民党は、同州の半分にあたる三議席で勝利を収めていた。インド人民党とモディ政権にとって、カシミールの地域政党に政治的配慮を払う必要性はまったくといっていいほどなくなっていたのである。

しかし、こうした完全な国民国家への統合プロジェクトは、きわめて危険な賭けといわざるをえない。たしかに州の自治権を廃止し、かつ連邦政府の直接の統治下に置くことにより、治安対策は効率的になるかもしれない。強制的な措置もとりやすいであろう。しかしそれは一九八〇年代の終わりに起きたのと同様に、人権侵害に対する憤りの噴出を招きかねない。さらに、これまで少なくとも制度的には認められてきた自治権を剝奪されたことへの怒りは大きい。自治権を撤廃したからといって、カシミールのひとびとがインド連邦に自発的に忠誠を誓うわけでもない。パキスタンはカシミールの「同胞」への支援をやめるどころか、強化するであろう。カシミールをめぐる国民国家の脆弱性の問題は依然消えない。

このように、カシミール問題には、セキュラリズムという国民統合理念を掲げ、多様性のある集団から構成されたインドという国民国家の存否がかかっている。カシミールはたんなる領土問題ではなく、国民国家としての存在証明をかけた戦いなのである。だからこそ、パキスタンにとってだけでなく、インドにとってもけっして譲れない問題となってきたのである。

長引く紛争と対話の難しさ――域内現状維持

「域内」でのインドの支配に、内部から挑みつづけてきたのがパキスタンである。印パ関係において、現状に不満、あるいは少なくとも不満であるとの「建前」を放棄できないのは、パキスタンのほうであった。軍事的にカシミールの現状変更を繰り返し試みたパキスタンとは対照的に、インドの目標は現状維持に終始してきた［Behera 2006: 30-103］。カシミール問題の政治的な解決方法についても、国際社会の介入を強く求めるパキスタンに対し、インドは第一次印パ戦争の際、一九四八年にネルー首相が国連安保理に提訴したものの失敗して以来、第三者の介入を一貫して拒否する立場をとってきた。カシミール問題を印パの「二国間問題」とするという文言は、インドの勝利に終わった第三次印パ戦争後の一九七二年のシムラ協定のなかに明記された。インドからすれば、第三者の介入は力の弱いパキスタンを利することにしかならないからである。(4)

とはいえ、カシミール問題を自らに有利となる二国間問題として位置づけたからといって、それを

「解決」することにインドが積極的であったわけではない。第一次・第二次印パ戦争と一九九九年のカルギル紛争は、いずれもパキスタン側が武装勢力と正規軍を動員して、分断されたカシミールの現状を武力で変更しようとした行動であったし、和平プロセスにおいてカシミール問題を印パ間の「中心的争点」と位置づけようとしてきたのも、つねにパキスタン側だった。対照的に、インド側は建前としてはカシミールを「インドの不可分の一部」としつつも、実質的にはその主張を行動に移すことはなく、概してカシミール問題を棚上げにする政策を採用してきた。

なるほど、第三次印パ戦争においては、インドはパキスタンを分裂させ、バングラデシュという分離国家を誕生させて「現状変更」を画策したようにもみえる。しかしそれは結果論というべきであろう。すでにみたように、インドの介入は、国家戦略として最初から意図されていたわけではなく、そもそも東パキスタンにおける独立運動――もちろんインドはそれを支持・支援したのだが――とパキスタンの弾圧に伴う難民の大量流入が、「国民国家」を維持する観点から介入せざるをえない事態を創出したのである。しかし、ここでもインドは力でパキスタンとの紛争を終わらせようとはしなかった。圧倒的に優位に戦いを進めた一九七一年の第三次印パ戦争においても、インドはバングラデシュの解放以上のことに手をつけなかった。

二〇〇六年に公開された米中央情報局（ＣＩＡ）の文書によれば、当時のニクソン政権は、少なくとも第三次印パ戦争開戦後の段階ではインディラ・ガンディーの戦略目的がバングラデシュ解放だけでなく、パキスタン側カシミールの南部を併合すること、さらには今後インドに脅威をもたらさないほどにパキスタンの陸・空軍戦力に打撃を与えることにあると、睨んでいた［CIA 1971］。それゆえ、アメリカは「表向きは在留米人救助のためだが、実際は西パキスタン攻撃に対するわが方の警告に重みをつけるため」に、第七艦隊をベンガル湾に送ってインドを牽制するとともに、インドに自制させるようソ連にも働きかけていた。キッシンジャー米国家安全保障補佐官は、それが功を奏しインディラは無条件停戦に応じたとしている［Kissinger 1979=1980: 393-403］。

ところが、インディラ・ガンディーの当時の側近の一人によれば、インドの勝利が決定的となったとき、じつはソ連のブレジネフ書記長は、インドへの支援を約束するとして、この機会にパキスタン側カシミールを奪取してはどうかと提案してきたという。インディラも一時真剣に検討したものの、そんなことをすれば国際社会からの非難を浴びるだけでなく地域の混乱も招きかねないと反対したハクサル首相筆頭秘書官の助言に従い、早々に停戦を宣言したのだとされている(5)。

インドが、第七艦隊を動かしたアメリカの動きに無関心でいられるはずがなかった［Dixit 1999: 106］。インディラ、そして彼女を支えるハクサルの脳裏にも、ソ連が支援してくれたとしても、アメリカや中国が介入するかもしれないという懸念は当然あったと思われる。そのうえ、インドがパキスタン側カシミールをたとえ軍事的に奪取できたとしても、ムスリム社会を政治的に支配しうる確信はもちえなかったであろう。ハクサルの公開文書を子細に分析したS・ラーガヴァンによれば、バングラデシュのようにインドの味方になる勢力がいるところならともかく、西パキスタンにはインドにとって政治的基盤がまったくなく、軍の駐屯など考えられないと認識されていた［Raghavan 2013: 262］。

初代の駐バングラデシュ大使に抜擢されたディクシットも、住民が敵意を抱いている他国を占領するのは、政治的にも財政的にも無理があるとの認識を示した。彼によれば、インディラはバングラデシュ独立の父となるムジブル・ラフマンに「亜大陸の正常化」を望んでいると伝えていたという。第三次印パ戦争に敗れたパキスタンでは、ヤヒヤ・カーン軍事政権が退陣し、ズルフィカール・アリー・ブットー文民政権が誕生して一三年あまりにわたる軍政に幕が下りたばかりだった。そうした状況を考えればパキスタンと対話するのは当然だったとディクシットは述懐する。(6)

第三次印パ戦争の和平協定であるシムラ協定は、カシミールを印パ間の「二国間問題」とし、停戦ラインから生じる「管理ライン（ＬｏＣ）」の尊重を定めるなど、インドの主張が反映された。しかし同時に、正式な国境線化ととられる規定を避けたいブットー政権の意向を汲み、「おのおのが認識する立場の権利を侵害することなく」という文言が盛り込まれた。(7)インドの勝利した戦争での譲歩には批判も出たが、インディラとハクサルには、ここでパキスタンに決定的な屈辱を与えてしまえば、第一次世界大戦後のナチス・ドイツのように、復讐を誓うにちがいないとの懸念があり、ブットー文民政権の顔を立てたとみられている［Kapur 2009: 136; Raghavan 2013: 268; Ramesh 2018］。同様にインディラは、西パキスタンによる戦争犯罪を裁こうとするバングラデシュの動きについても、パキスタンとの関係をさらに複雑なものにしかねないと考えて強く自制を求め、パキスタンと捕虜を交換することで決着をつけた［Raghavan 2013: 270］。

このような第三次印パ戦争とその後の展開から浮かび上がるのは、パキスタンに対して圧倒的に優位な軍事情勢下にあったとき、そして完全勝利を収めたときでさえも、域外勢力の介入と地域の不安定化を招きかねない危険を冒してまで地域の現状を変更することは避けた、インドの姿である。インドの対パキスタン政策には、インドの「国民国家」としての一体性を維持しつつ、域内国際関係の現状維持を図るプラグマティズムが貫かれていた。

その後、印パ対立は核時代に入る。印パの核保有が両国関係に安定をもたらしたのか否かについては、議論の分かれるところであり、ここでは立ち入らない。しかしインドの視点から確実にいえるのは、核兵器はパキスタンから仕掛けられてくる低強度紛争を阻止するには役に立たないということである。

印パが公然の核保有国となってから一年後の一九九九年、パキスタンはインド側のカシミールの要衝であるカルギルの山岳地帯に武装勢力と正規軍を侵入させた。こうした作戦自体はパキスタン軍のなかで以前から検討されていたものの、ベナジール・ブットー政権がそれを却下していた。ところが「核の盾」を手に入れたことで自信を深めたムシャラフ陸軍参謀長が、計画を実行したとみられている［Ahmed 2005: 143; Malik 2006: 272］。すなわち小規模な武力紛争を起こしたとしても、インド側は核報復を恐れるがゆえに、大規模な反撃には出られないだろうと読んだものと思われる。しかしインド人民党主導のヴァジペーイ政権は管理ライン（ＬｏＣ）は越えなかったものの、猛反撃に転じた。これが核戦争にエスカレートすることを恐れた米クリントン政権がパキスタンのシャリーフ首相に圧力をかけ、軍を撤退させたことでこの危機は収束した［Riedel 2002］。

ヴァジペーイ政権はその後も、クーデタでパキスタンの実権を握ったムシャラフからの挑発を受ける。二〇〇一年一二月一三日、ニューデリーのインド議会議事堂がパキスタンのイスラーム過激派であるラシュカーレ・エ・タイバ（ＬｅＴ）とジャイシュ・エ・ムハンマド（ＪｅＭ）に襲撃された事件は、インド全土に衝撃を与えた。ヴァジペーイ政権は三カ月前に起きた米同時多発テロ事件とその後のアフガニスタン攻撃を引き合いに出して、パキスタンへの強制外交をはじめた。外交・交通関係を遮断し、国境とカシミールの管理ライン（ＬｏＣ）に軍を大動員する「パラクラム作戦」を展開したのである［Sood and Sawhney 2003］。インドは、パキスタンがテロを取り締まらないのであれば、開戦も辞さない姿勢を示した。この緊張は、事件から一カ月後にムシャラフが、カシミールの名の下であってもテロは許さないことと、ＬｅＴとＪｅＭを含む過激派組織の存続禁止等の措置をとると発表したことで、いったんは沈静化したかにみえた。

しかし山岳地帯の雪が溶けはじめると、ふたたびパキスタン側からの越境侵入とテロが活発化する。二〇〇二年五月一四日、ジャンムー・カシミール州カルーチャックのインド陸軍駐屯地が襲撃されたとき、インドの堪忍袋の緒は切れた。前線で両軍が対峙するなか、「決定的な戦いを行うときがきた」と宣言するヴァジペーイ首相に対し、ムシャラフが「毅然として立ち向かう」と一歩も引かない構えを示したことで、国際社会は危機感を募らせた。米英は両国の自国民に「退避勧告」を発出して強い懸念を表明する一方、両国の橋渡しの役割を積極的に果たした。決定的だったのは、六月初めのアーミテージ米国務副長官のパキスタン・インド訪問である。ここでアーミテージはムシャラフから

「越境侵入の恒久的停止」という言質を得て、[8]ヴァジペーイに伝え緊張緩和を促した。対米関係改善を進めたいヴァジペーイ政権はこれを受け入れた［伊藤 2004b: 235-254］。

ヴァジペーイ政権が直面したのは、核兵器の存在がパキスタンからの挑発行為を抑止しないという現実だけでなく、いまや核戦争へのエスカレートを危惧する国際社会が、インドの「反撃」を許さなくなったという現実である。[9]そして印パ間の紛争の危機管理者としての域外勢力、とりわけアメリカの役割も受け入れざるをえなくなった。しかしそれはカシミール問題そのものに関する役割ではない。ヴァジペーイ政権は、危機後の二〇〇四年初めからパキスタンとの和平プロセスとして、「複合的対話」の開始に踏み切るが、ここでもカシミール問題への外部の干渉は拒絶した。その代わりに、これ以降の政権に共通するのは、国際社会の関心と関与を利用して、テロを輸出するパキスタンに圧力をかけさせるという戦略である。インドの狙いは――パキスタンとは対照的に――、国際社会の力を使ってカシミールの現状変更を実現することではなく、インド側カシミールの不安定化を助長するパキスタンの行為をやめさせることにある。

ヴァジペーイが政権末期にはじめた「複合的対話」は、国民会議派主導のマンモーハン・シン政権に引き継がれた。パキスタンのムシャラフ政権は、テロ組織に対して少なくとも公然たる支援は控え、越境侵入も減少傾向を辿ったことでジャンムー・カシミール州の情勢も安定化に向かった。州内の声に応えるかたちで、分断されたカシミールを結ぶバスルートが複数開設されたほか、管理ライン（ＬｏＣ）を越えて往来するトラックによる「貿易」まで開始された。ＬｏＣを引き直すのではなく、

「ソフト・ボーダー」として住民の支持を集めることでインド自体の一体性を維持するプロジェクトであった。「対話と癒やし」を掲げて二〇〇二年秋の州議会選挙で躍進した新しい地域政党であるジャンムー・カシミール人民民主党（ＰＤＰ）のムフティ・ムハンマド・サイードが州首相になると、この動きを強く支持した［伊藤 2007: 75-95］。

しかしインドの融和策は、世界を震撼させる大規模テロによって打ち砕かれた。それはパキスタンの国内に、インドとの和平を望まない勢力が存在することを意味している(10)。パキスタン人研究者ですら、諜報機関である軍統合情報部（ＩＳＩ）のなかには、こうした勢力を対インドの「戦略的資産」とみなす考え方が依然強いと指摘する［Siddiqa 2011: 155］。それらは、対話進展のたびにテロを引き起こして妨害を試みたものの、シン政権は対話姿勢を基本的に維持していた。しかし二〇〇八年一一月二六日に起きたラシュカーレ・エ・タイバ（ＬｅＴ）によるムンバイ同時多発テロの衝撃が、そうした対話姿勢を葬り去った。国際社会に受け入れられない軍事動員は、もはやシン政権の選択肢にはなかったものの、「複合的対話」の道は完全に途絶えた。その後シン政権は繰り返し対話再開を模索したものの、そのたびにテロ事件が起きたり、インド兵がパキスタン側によって首をはねられたうえ、その首が持ち去られるといったような事案が相次いだ(11)。とくに野党のインド人民党は、パキスタンの挑発行為がつづく状況下での対話再開には強く反対し、シン政権を「弱腰」と批判した。

しかしインド人民党は二〇一四年にモディを首班として政権を奪取すると、対パキスタン対話を模索しはじめた。連邦下院の過半数をもつモディ政権は連立与党内の最右派であるマハラーシュトラ州の地域政党シヴ・セーナーの反対にもかかわらず、自らの就任式典にシャリーフ首相を招いた。しかし印パの二国間協議を前にパキスタンがインド側カシミールの分離勢力と接触すると、突如、協議中止を通告した。モディ政権は、パキスタンに対し、カシミール問題を印パの「政府間の二国間問題」として位置づける姿勢をより明確に示したのである。その後も管理ライン（ＬｏＣ）での小競り合いやテロ事件が相次ぐなか、モディが二〇一八年末、ＣＯＰ21の機会にシャリーフと懇談したことを機に急速に事態は動いた。一週間後には、国家安全保障顧問協議がバンコクで突如開催された。その数日後にはスワラージ外相が初の訪パを果たし、「包括的二国間対話」という新たな対話枠組みで合意したことが発表された。仕上げに、モディ首相は、シャリーフ首相の誕生日にラホールの私邸を電撃訪問までしてみせた。

しかしその努力は、またしても挫かれる。年が明けた二〇一九年一月初めにはパンジャーブ州のパタンコート空軍基地が、そして九月にはジャンムー・カシミール州のウリ印陸軍基地が、ジャイシュ・エ・ムハンマド（ＪｅＭ）の襲撃を受けた。ヒンドゥー・ナショナリスト勢力の支配する政権内で強硬論が強まったのは当然である。モディ政権は、九月二九日未明、インド陸軍特殊部隊がＬｏＣのパキスタン側に入り、テロリストの拠点八カ所に「局部攻撃」を実施したと発表した。(12) これで対話の機運はふたたび潰えた。

以上の展開を振り返ると、国家間関係のうえでのインドの対パキスタン政策の特性としては、つぎの三点が指摘できよう。第一に、人的・経済的交流は進めるとしても、分断されたカシミールの現状を変更することには消極的であり、域外勢力の介入を拒み、問題を「二国間」で取り扱おうとする方針である。しかし第二に、インドという「国民国家」に脅威を突きつけるイスラーム過激主義とテロ問題に関しては、核保有後の印パ対立に懸念を抱く国際社会を巻き込んでパキスタンの政策変更を求めてきた。第三に、インドはつねに軍事力を行使したり、その威嚇によってパキスタンを従わせてきたわけでもなかった。ヴァジペーイ政権末期、第一期マンモーハン・シン政権、そして第一期モディ政権初期においては、インドの首相はいずれも「平和の人」だった。しかしその路線を持続することはできなかったのである。

パキスタンを忘却しようとするインド

硬軟取り混ぜたどの対応も功を奏さないなか、インド外交においては、パキスタンを忘却しようとする動きが広がった。マットゥーは、インドのこれまでの対パキスタン政策には、(1)軍事的強硬措置を主張する「将校(subedars)」、(2)関わらないほうが得策だとする「商人(saudagars)」、(3)譲歩してでも和平の必要性を説く「聖人(sufis)」の三派があり、これらのあいだで揺れ動いてきたと分析する[Mattoo 2007: 2-5]。インドの大国化が進み、自信を深めるにつれ、これらのうちでしだいにパキスタンを無視する「商人」の言説が支配的になる傾向がみられる。

それは一つには、終わりのみえない印パ紛争にもかかわらず、インドの成長が阻害されているようにはみえず、外交的にもあらゆる大国がインドに接近しているという現実がある。在米インド人研究者として影響力のあるガングリーは、二〇〇一年から二〇〇二年の危機直後の論文のなかでは、「印パが双方の意見の違いを乗り越え、解決困難にもみえる紛争を解決できなければ、インドの影響力はおもに南アジアとその周辺に限定されたままにとどまる」であろうと警告していた［Ganguly 2003: 46］。ところが、二〇〇六年には「たとえカシミールをめぐる紛争を解決できなくとも、インドがその新たな外交路線を維持し、国内の安定を保ち、経済成長をつづけることはできない、と考える理由はほとんどない」と正反対の主張を展開したのである［Ganguly 2006: 45-51］。ここからは、南アジアを超えた世界の大国として自信を抱きはじめたインド人エリートの姿が窺えよう。

もう一つには、関係正常化を試みようにも、これまでの「聖人」のアプローチが、ことごとく挫折させられてきたことから、インドにできることはもうなにもないとの諦観がある。メノンはマンモーハン・シン首相の国家安全保障顧問就任直前に米誌に寄稿し、パキスタン側のテロに対する取り組みの不十分さをあげて、関係安定化が望ましいのだとしてもその方法が見当たらないと嘆いた［Menon 2009: 14-19］。パキスタンの民主化が進み、インドへの敵対姿勢を変えないかぎり、和平プロセスは結果を生まないといった悲観論は、かなり広く共有されている［Sood 2009: 256］。かつてのグジュラールの「善隣外交」をもってしても、対パキスタン関係は進展がなかったことなどからも、和平プロセスは結局のところ、パキスタンの国内改革がなければ成功しないとの認識がある［Upreti 2009: 215-221］。しかし民政が完全に国家を統治するような改革に向けてインドができることはなく、静観するしかない［Muni 2009: 116］。それでも、グローバル化と両国の核保有というシステム・レベルでの変化は不可逆的であるため、大規模な戦争という事態にはならないという見方が強い［Basrur 2010: 11-31］。

そうなると、台頭するインドにとってパキスタンは忘却できる、あるいは忘却するほかない存在ということになる［伊藤 2012: 115-120］。しかしパキスタンのほうはインドを忘却できない。経済・政治的に苦境のもとにあるときは、なおさらである。パキスタンの国家的意思によるものであれ、そうでないものであれ、インドへの越境テロを含むさまざまな低強度紛争を根絶することは困難である。そしてインドにとって、その攻撃があまりにも衝撃的なかたちで起きた場合には、なにもしないという選択肢は、「国民国家」維持の観点からもとりがたい。普段は忘却していたとしても、このときに一九四七年の記憶がよみがえるからである。そこではモディ首相がそうしたように、核時代に可能な範囲での「将校」アプローチが採用され、「国民」を安心させ、一体感を演出せざるをえなくなる。しかしそこからはふたたび「商人」に戻り、主要国との関係、そしてパキスタン以外の近隣国との関係の強化に注力するのである。二〇一九年二月のプルワマでのテロ事件に対し、パキスタン「本土」への空爆で応じたモディ首相は、それから三カ月後の第二期モディ政権発足式典では、ＳＡＡＲＣ（南アジア地域協力連合）ではなく、ＢＩＭＳＴＥＣ（ベンガル湾多分野技術・経済協力イニシアティブ）首脳を対象とするとの名目で、パキスタンのイムラン・カーン首相を招待者から外した。インドにとっては、パキスタンとの和平は望ましいとしても、きわめて困難である。失敗のリスクが非常に高いにもかかわらず、協力によって期待できる利得は中国との関係に比べるとはるかに小さい。

その意味では、インドにとってのパキスタンは、国民統合の観点からも、地域覇権の観点からも依然として気にかかる存在ではありながらも、インド外交全体のなかに占める重要性は確実に低下傾向にあるといってよい。

(2) 大国間での多角的外交――「全方位型戦略的パートナーシップ」の意義(13)

「世界大国化」を図るインド外交において鍵を握ると考えられているのは、世界の既存の大国との関係である。二一世紀のインド外交はここに最大のエネルギーを注いできた。その際のキーワードになるのが、「戦略的パートナーシップ」である。この語の公式の定義はないが、たんなる友好国の関係を超えた頻繁な、あるいは定例化した首脳・主要閣僚等の相互訪問や経済・安全保障対話、密度の高い軍事交流などを行う二国間関係を意味しているように思われる。

インドはこの戦略的パートナーシップを、あらゆる主要国・新興国とのあいだで宣言してきた。おもなものを挙げれば、アメリカ（二〇〇四年）、イギリス（二〇〇四年）、フランス（一九九八年）、ドイツ（二〇〇一年）、日本（二〇〇六年）、ロシア（二〇〇〇年）、中国（二〇〇五年）、南アフリカ（一九九七年）、インドネシア（二〇〇五年）、ブラジル（二〇〇六年）などである。一見してわかるように、連携相手には、冷戦後の世界の重要な大国・新興国すべてが含まれており、かつての西側ないし東側といった特定の方向に向けられたものではないことは明らかである。その意味で、「全方位型戦略的パートナーシップ」外交といってよい。

もちろん、どの関係もインドの自主独立外交を妨げるような「同盟」ではない。それゆえ、シバル元外務次官が指摘するように、非同盟の延長線上の「戦略的関係」[Sibal 2012]とみなすのが妥当だとの見方もある。しかし「非同盟」からの逸脱とも受け止められた冷戦期のソ連との関係と決定的に異なるのは、連携相手の多様性である。それは、「戦略的自律性」を守るために必要であるだけではなく、現在のインドにとってはそうしたほうが、「世界大国化」を実現するのに有益だと考える「アルタ的現実主義《リアリズム》」が作用しているからでもある。その背景には、とくに主要国との関係においては「保守的現実主義」ないし「新自由主義」が、党派を超えた潮流となってきたことがある。

以下では、とくに冷戦後の世界の唯一の超大国となったアメリカ、急速な台頭でそのアメリカの覇権に挑もうとしている中国、そしてインドにとっては冷戦期からの伝統的パートナーであるロシアとの戦略的パートナーシップを取り上げ、その展開をインドが重視する問題領域ごとに比較考察してそれぞれの性質を明らかにする。そのうえで、インドがそれぞれとの関係を「世界大国化」という大きな目標のなかで、どのように位置づけているのかを探ることとしたい。

緊密化する印米関係

冷戦期のインドにとって、アメリカは、直接の敵ではなかったものの、明らかに疎遠な国であった。というのも、アメリカは、インドの直接の脅威であるパキスタンならびに中国と、とりわけ一九七〇年代以降、密接な関係を構築したからである。南アジアにおけるアメリカのバランサー政策は、インドからみればインドの地域覇権確立を抑制しようとする企てにほかならない［堀本 2006: 38-39］。域外勢力を排除してインドが優位な域内の現状を維持すべく、インドはソ連との関係を深めた。その結果、アメリカにとってもインドは疎遠な国となった。

したがって、その冷戦構造が崩壊したことで、印米関係構築の最大の障害は取り除かれた。アメリカは一九九〇年には、対パキスタン軍事援助を停止し、インドへのアプローチを開始した。しかし一九九〇年代初めから半ばにかけては、インドの経済規模はまださほど大きなものではなかったのに対し、アメリカは冷戦後の世界のなかで圧倒的な影響力を誇っていたために、インドと戦略的な関係を構築する緊急性も低かった。のみならず、とくにクリントン民主党政権下では、核不拡散政策が南アジア外交において中心的な位置を占めていたので、ＮＰＴ非加盟のインドとの関係構築には後ろ向きだった。

しかし一九九〇年代後半の第二期クリントン政権下では、台頭する中国への貿易・安全保障上の警戒感が強まり、インドの戦略的価値が評価されはじめた。そのなかで行われたヴァジペーイ政権下での一九九八年の核実験・核保有国宣言は、なるほどクリントン政権を失望させ、印米関係を一時冷却化させたかにみえた。ところが実際には、アメリカの著名な南アジア研究者であるコーエンが指摘するように、「皮肉にも、インドの核実験は核拡散防止一点張りの南アジア政策を粉砕し、ニューデリーとの関係をアメリカに再考させる」機会を提供したのである［Cohen 2001=2003: 441］。中国の台頭のなか、もはや核をもってしまったインドは拒絶すべき存在ではなく、アメリカの戦略のなかで積極的に関与し、取り込むべきパートナーとして位置づけられるようになった。アメリカはタルボット国務副長官を窓口として、核実験直後からインドとの戦略対話を開始した［Talbot 2004］。それが二〇〇〇年のクリントン大統領訪印――米大統領としては二二年ぶりとなる――として結実したのである。クリントン訪印は、アメリカが印パのバランサー外交から脱却しつつあることを印象づけた。クリントン大統領はインドに五日間滞在する一方で、その足で立ち寄ったパキスタンにはわずか五時間ほどしかとどまらなかった。

この流れは、ブッシュJr.政権になっても引き継がれ、さらに本格化する。米ランド研究所は二〇〇〇年の大統領選挙に向け、インドを主要な大国と位置づけ、アメリカが関与するのは当然だとし、パキスタンとの関係にとらわれず「切り離し（decoupling）」て、政策を遂行すべきだとする提言書をまとめた［Carlucci et al. 2001: XIV］。実際のところ、二〇〇一年の米同時多発テロ事件後に米パ関係がふたたび緊密化しはじめたにもかかわらず、印米関係はいっそう強化された。これを当時、在印アメリカ大使の上級顧問を務めていたテリスは印パを関係づけない「ディハイフネーション」政策の成果として自讃した［Tellis 2008: 21-42］。インド側も対米関係を重んじた。二〇〇一年末から二〇〇二年夏にかけての印パ危機に際し、インドは、危機管理の「世話役」としてのアメリカの役割を受け入れ、緊張緩和の説得に応じた。一九九九年のカルギル紛争、二〇〇一～〇二年の危機のいずれにおいてもアメリカは、パキスタンによる域内の現状変更の企てを阻止するのに貢献した。二〇〇四年初めにヴァジペーイ首相とブッシュJr. 大統領により発表された「戦略的パートナーシップの次のステップ（ＮＳＳＰ）」は、民生用原子力分野、宇宙開発、ハイテク貿易というセンシティブな領域での協力拡大を宣言した［MEA 2004］。それは印米関係を一段高い段階に引き上げるという意思のあらわれだった。

この後、インドでは政権交代が起き、国民会議派主導のマンモーハン・シン政権が誕生したものの、対米関係緊密化の基調は変わらなかった。実際に二〇〇七年には、民生用原子力協力について二国間協定が結ばれた。印米原子力協力協定はＮＰＴの理念に反するとの批判は、アメリカでも国際社会全体でも根強かった。にもかかわらず、ブッシュJr. 政権はインドをＮＰＴ上の「特例扱い」とするために国内法を改正し、国際原子力機関（ＩＡＥＡ）と原子力供給国グループ（ＮＳＧ）の慎重派の国々を全力で説得した。シン政権も、対米関係緊密化に反対する左翼の閣外協力を切り捨てる決断を示すことで、ブッシュJr. 政権の努力に応えた。かくして、インドは二〇〇八年、ＮＰＴに入ることなく、各国との民生用原子力協力を開始する「パスポート」を得たのである。ついに国際社会もインドの核保有を事実上容認したのだとの高揚感がインド国内には広がった。この点でのアメリカの貢献はインドでも高く評価されている［Pant 2009: 273-295］。

アメリカでブッシュJr. 政権からオバマ政権に移行した際、インド側には一時懸念の声が広がった。第一には、オバマ大統領の「核なき世界」の理念のなかで、インドの「特例扱い」が反故にされるのではないかという不安があった。第二には、アフガニスタンとパキスタンを一体としてとらえテロ問題に対処するというオバマの「アフパク」政策が、印パ間のカシミール問題にまで波及し、アメリカが危機管理の「世話役」を超え、問題解決の「仲介」の役割を果たそうとするのではないかとも危惧された。第三には、オバマの対中政策には「警戒」よりも「関与」に比重を置く傾向があり、その結果として、インドの戦略的価値が軽んじられるのではないかという疑念もあった。それゆえ、ブッシュJr.時代へのノスタルジーを隠さない戦略家もいた[Subrahmanyam 2009]。

しかしいずれの懸念も、しだいに解消されることとなった。決定的だったのは二〇一〇年一一月のオバマ訪印である。オバマ大統領は、インドを「核保有国(nuclear power)」と認め、一九九八年の核実験以来アメリカが実施してきたハイテク品目の対印輸出規制解除、さらにはNSGをはじめとする多国間の輸出規制枠組みへのインドの参加を支持する考えを表明した。またテロ問題ではいわゆる「アフパク」戦略の重要性を説きつつも、それを印パ関係と関連づけることは避けた。すなわち、カシミール問題については印パが望むならなんらかの役割を果たす用意があるとするにとどめつつ、テロを輸出するパキスタンを明確に批判した。そのうえで、インドは「台頭する責任あるグローバル・パワー」であり、アメリカが形成したい将来にとって「不可欠な存在」とまで持ち上げて、アジアにおけるインドのリーダーシップを歓迎した。

くわえて、オバマ大統領は「インドを常任理事国として含む、改革された国連安全保障理事会を期待する」とまで述べ、インド連邦議会で大喝采を受けた(*The Hindu*, Nov. 9 2010)。間接的な言い回しながら、米大統領がインドの国連安保理常任理事国入りを支持する発言を行ったのはこれが最初だった。オバマ政権は発足当初、中国と閣僚級の経済・戦略対話を開始したが、二〇一〇年にはインドとのあいだでも同レベルの戦略対話をはじめた。第2章でみたように対中牽制のための「アジア回帰」戦略としてオバマ政権が掲げた「インド太平洋」概念の受け入れにはインドは慎重だったが、そうした呼びかけはアメリカのインド重視を意味するものと解された。

モディ政権になると、インドはさらに一歩踏み出した。二〇一五年一月のインド共和国記念日の主賓として米大統領としては初めてオバマを招いたのである。さらに九月に開かれた日米印の第一回外相会合においては、インドは初めて「インド太平洋」という概念を公式に用いて、南シナ海を含め、国際法や紛争の平和的解決、航行・上空飛行の自由、阻害されない法に従った通商活動の自由を守ることが重要だという立場を明確にした。同時に開かれた印米外相級戦略通商対話では、対テロ共同宣言が発表され、パキスタンに基盤をもつ過激派やイスラーム国（IS）などの勢力に対する脅威を共有し、連携を深めていくことを確認した。その後も両首脳はインドがアメリカの軍民両用の高度先端技術（デュアル・ユース）を入手できるようにすると宣言したほか［MEA 2016］、兵站交換に関する覚書（LEMOA）まで交わし、限定的ながら、後方支援目的で双方の軍事基地を利用し合うことが可能となった。

アメリカで起きた予想外の政権交代後も印米関係の緊密化の流れは変わらなかった。二〇一七年八月にトランプ政権が発表したアフガニスタン「新戦略」は、パキスタンを厳しく批判する一方でインドにより積極的な役割を果たすことを期待する内容だった。その年末の「国家安全保障戦略（NSS）」は、インドについて、「指導的グローバル・パワー、より強力な戦略・防衛パートナーとしての台頭を歓迎する」とし、安全保障、政治、経済のすべての領域において、日豪とともにアメリカの重要なパートナーと位置づけた。とくに南・中央アジアとインド太平洋では、「修正主義勢力」としての中国の影響力拡大に対抗するためのパートナーとしてインドの役割に期待が示された。さらに二〇一八年一月には米国務省が、テロとの戦いのためだとして再開していた対パ援助の停止を発表した。インドにとってアメリカは、もはや自らの域内現状維持プロジェクトの妨害者ではなく、むしろその支持者へと転換したのである。

同年に開始された外務・防衛閣僚協議（2プラス2）では、通信互換性保護協定（COMCASA）が締結され、印米両軍の相互運用性が同盟国間並みに高まることとなった。二〇一九年九月に訪米したモディ首相が在米インド人五万人超を集めてテキサス州で開いた「ハウディ（こんにちは）・モディ」集会にトランプ大統領が登壇したのに対し、翌二〇二〇年二月のトランプ初訪印時にモディは地元のグジャラート州で一〇万人規模の「ナマステ（こんにちは）・トランプ」集会を催すなど、首脳間の信頼関係も深まっている。

印米接近の要因と限界

冷戦期には疎遠であった印米がなぜこれほどまでに接近しているのだろうか。冷戦という構造的障壁が除去されたいま、元来、民主主義という価値を共有する両国は、「自然な同盟」になったのだといわれている。しかし、たとえばイランや北朝鮮に間違ったメッセージを送りかねないという国内外の懸念を押し切ってまで、また核不拡散政策との整合性を問う声があるにもかかわらず、党派を超えて米政権がインドの核を容認し、かつ国際社会にも受け入れさせる道を選択したのはなぜなのだろうか。他方、左翼の閣外協力でかろうじて政権を維持していたマンモーハン・シン政権が、政権の存続をかけてまで、原子力協力推進を決断したのはなぜなのだろうか。同盟国でもなく、ロシアとの軍事協力も依然つづけるインドに、なぜアメリカはデュアル・ユースへのアクセスを認めようとするのだろうか。自律性を害しかねないという国内の懸念にもかかわらず、米軍にインドの基地の利用を認め、また機微な情報が米側に筒抜けになることを懸念する声があるにもかかわらず、モディ政権が米軍との通信網の接続を認める背景にはなにがあるのか。[14]

この点では、まず経済的な要請を指摘しなければならないだろう。一三億人もの、しかも若年層が多く、購買力のある中間層が台頭しつづけるインド市場を見過ごすわけにはいかないのは、どこの経済大国も同じであろう。とくにインドでは、アメリカの基幹産業ともいえる兵器や原発などの市場の拡大が確実視されている。中国をはじめとする新興国の追い上げを受けるなか、アメリカにとってインドは中国にはない魅力をもつパートナーと認識されている。他方インドにとっても、力は低下気味であるとはいえ、ドルを基軸通貨とした世界にあって、アメリカの莫大な資金と市場は、自らのいっそうの成長に不可欠なのはいうまでもない。インドにとって、アメリカは最大の輸出相手国であり、インドへの直接投資でも主要国のなかでは最大規模を維持しつづけている。モディ政権の掲げる「メイク・イン・インディア」政策が目指すインドの製造業振興という見地からみても、最も重要なパートナーである。

経済だけではない。冷戦後にインドが核実験と核保有宣言を行って以降の印米関係の拡大・深化には、中国に対する懸念の共有がある。インドにとって、かつて国境戦争で辛酸をなめさせられた隣国である中国が、自国に先んじて経済的のみならず軍事的にも台頭していることが脅威なのは間違いない。陸の国境だけでなく、インド洋への中国海軍の進出には危機感を抱いている。この点では、インドにとって、アメリカという圧倒的な軍事大国との連携は、中国に対抗するうえで不可欠なのである［Mohan and Ayres 2009: 317］。

他方、軍事的には世界において依然として優位性を維持しているとみられるアメリカの側でも、第三次台湾海峡危機問題などを契機として、中国に対する警戒論が台頭しはじめた。南シナ海とインド洋で進む中国の戦略的なインフラ・プロジェクトと航行の自由の妨害は、アメリカの覇権に対する挑戦と受け止められた。そこで、民主主義や法の支配という価値を共有し、台頭するもう一つの新興国を安全保障上のパートナーとして位置づけるようになったのである。

直接・拡大近隣という域内での中国の影響力拡大に警戒感を抱くインドの側も、アメリカを従来のように地域から排除するのではなく［Mohan and Ayres 2009: 319］、その力を利用して中国に対抗するべきだと考えるようになった。中国が域内におけるインドの優位性を脅かす最大の存在となった以上、そこでの現状の維持と回復のためには、アメリカや日本などと協力するのは合理的かつプラグマティックな行動様式といえよう。

しかしこのような利害の一致がある一方で、域外では既存の大国・先進国中心のルール・秩序に修正を求めるインドと、現状の維持を図るアメリカとのあいだには、埋めがたい大きな溝が存在していることもまた事実である。最も顕著なのが、グローバルな政治・経済秩序をめぐるイシューである。インドは自主独立外交を妨げるような内政干渉には、今日でも党派を超えて批判的である。対米接近に積極的であったヴァジペーイ政権ですら、ブッシュJr.政権のイラク戦争については「正当性がない」として、アメリカからの部隊派遣要請を拒否した。その後のマンモーハン・シン政権も、イラン核問題やリビア情勢をめぐって、武力介入を認めようとせず、アメリカを失望させた。経済のいっそうの自由化に積極的とみられたモディ政権も、ＷＴＯの多角的貿易交渉であるドーハ・ラウンドではいっさい妥協しなかった。ＣＯＰ21では中国がオバマ政権と手を組んだ後も、インドは最後まで「途上国」として抵抗をつづけた。

じつは、こうした利害の不一致は、インドで『非同盟２・０』が発表された二〇一二年頃からアメリカ国内でも指摘されていた。民生用原子力協力などでアメリカが肩入れしてきたにもかかわらず、依然として非同盟という「先祖返り」のような概念を持ち出し、期待するような役割を担おうとしないインドに対する苛立ちがアメリカでは目立ちはじめた。米有力誌では、インドも結局は中国と変わらないとして、パートナーとして扱ってきたこれまでの政策を見直すべきだとか［Gilboy and Heginbotham 2013: 125-142］、あるいは、インドにはアメリカが期待するようなインド太平洋の安全保障ネットプロバイダーの役割を担う力や意思が欠けている［Tarapore 2017: 163-178］といった論調も珍しくなった。[15] そもそも「自由で開かれたインド太平洋（ＦＯＩＰ）」戦略に同意したとしても、その範囲、優先順位、原則、中国への向き合い方等々については、アメリカとは相当の認識の差があり［Madan 2019: 20-21］、同床異夢の感は否めない。

二〇一九年に入るとトランプ政権の自国第一主義的な政策により、両国間の軋轢はさらに際立つようになる。トランプ政権はその「貿易戦争」の矛先を中国のみならず、同じく自らが貿易赤字を抱えるインドにも向けて、インドを一般特恵関税制度（ＧＳＰ）の対象国から除外した。これに反発したモディ政権は、アメリカからの輸入品の関税を引き上げる事実上の報復措置をとった。それでも安全保障・戦略面では中国の台頭に対処するためにインドを重視することには変わりないという見方も米側にはある［Ayres 2019: 13-16］。しかしトランプ政権はインドがロシアから購入を進めようとする対空ミサイルシステムＳ－４００について、「敵対者に対する制裁措置法（ＣＡＡＴＳＡ）」の適用をちらつかせた。またエネルギー確保の点でも、対中パ戦略の点でも、インドにとって欠かせないパートナーであるイランからの原油輸入を停止するよう圧力を強め、同国への軍事行動さえ排除しない姿勢を示しはじめた。[16] さらにはトランプ大統領の口からは、カシミール問題で「仲介」するかのような発言まで飛び出すなど、インドの域内現状維持に反する動きもみせはじめており、インドとしてはトランプ政権には全幅の信頼を置ける状況ではない。

冷戦後の対中接近と変わらぬ警戒

冷戦後にダイナミックな変化を遂げたのは、中国との関係についてもあてはまる。ある意味では、その変化は対米関係以上に劇的といえるかもしれない。というのも、印中は一九六二年には国境で直接戦火を交え、それ以降も、長く国交断絶状態と冷却期間がつづく、いわば敵対関係にあった。にもかかわらず、印中はいまや印米同様、戦略的パートナーシップ関係を宣言するに至っているからである。その結果、インドにとって中国はパキスタンとは異なり、「管理されたライバル関係」［Paul 2019: 6］にあるといわれる。

関係改善は、冷戦が終焉に向かう一九八八年に、ラジーヴ・ガンディーがインド首相として三四年ぶりに中国を訪問したことを契機として本格化した。首脳合意にもとづき、国境問題についての合同作業グループが設置されたほか、首脳外交も活性化しはじめた。たしかに一九九八年のインド核実験が、こうした上げ潮基調の流れにいったんブレーキをかけたのは事実である。このとき、中国を激怒させたのは、核実験そのものではなく、インド側が「中国脅威論」を主張して、自らの「核保有」を正当化した点にあった[17]。それでも、この中国の反発は一時的なものにとどまり、両国関係はふたたび回復軌道に乗る。その流れが結実したのが、二〇〇五年の「平和と繁栄のための戦略的・協力的パートナーシップ」宣言だった［MEA 2005］。

この成果が最も明確に反映されているのが、貿易額の飛躍的な伸びであろう。隣接国にもかかわらず、印中貿易はガンディー訪中まではほぼゼロに等しいレベルにとどまっていた。しかし二〇〇八年には、インドにとって中国は、アメリカを抜いて最大の貿易相手国となったのである。とはいえ、インド側の圧倒的な入超（インド商工省の統計では二〇一八年度は輸出一六八億ドル、輸入七〇三億ドル）であり、二〇一〇年の温家宝首相訪印時に発表された、二〇一五年までに貿易総額一〇〇〇億ドルという目標は達成できていない。インドの得意分野であるＩＴや医薬品、農産物で中国側が門戸を開いていないとの不満がインド側にはある。他方、貿易に比べると投資については、伸びてはいるものの、依然として低水準である。その最大の要因として挙げられるのが、インド側の対中不信である。インドは電気通信や港湾インフラについて、中国からの投資を認めようとはしない傾向がある。この点で「メイク・イン・インディア」政策を掲げるモディ政権は当初、こうしたセンシティブな領域での投資も「解禁」する意向を示し、第一期政権の二〇一四年から一九年のうちに中国による投資は急増した。とはいえ、日米の規模に比べると依然として一〇倍以上の開きがある。(18)

というのも、いくら関係改善を図っているとはいえ、インドにとって中国は、域内におけるインドの優位性を脅かす、最も近い「域外」のパワーだからである。軍事的にはパキスタンと同様、いや正規戦ではそれ以上に大きな脅威とみなされる。かつての戦争の原因となった国境問題では、二〇〇三年にはじまった両国特別代表による国境交渉の枠組み自体は維持されてはいるものの、解決の目処はまったく立っていない。そればかりか、未解決の国境をめぐってしばしば軍事的・政治的な緊張が繰り返されてきた。二〇一三年には実効支配線（ＬＡＣ）を挟んで、二〇一七年にはシッキム州にほど近いブータンと中国の係争地であるドクラムで、印中両部隊が長期にわたり睨み合う事態が発生した。二〇二〇年には新型コロナウイルスの蔓延への対応にモディ政権が追われるなかで、銃器は用いなかったものの印中の部隊が殴り合うなどの衝突が起き、四五年ぶりに死者を出す惨事となった。中国はインドの反応をみながら、一方的な現状変更の機会を窺っているとの見方が、インドでは強い［Kumar 2020: 73-100］。

国境問題以上にインドが警戒を強めるのは、インドの域内、すなわち直接・拡大近隣への中国の軍事的・経済的・政治的影響力の拡大である。パキスタンの核・ミサイルは中国の支援抜きにはありえなかったし、中国はカシミール問題やイスラーム過激派問題でパキスタンを擁護してきた。インド洋への進出を図る中国は、その「真珠の首飾り」戦略のなかで、インド洋に相次いで軍事用にも転用可能とみられる大規模港湾も建設している。インド洋が、「中国の海」となることは、安全保障上も、また政治的にもインドにとって受け入れがたい。他方、中国の側からすれば、当面警戒すべきはインドそのものの軍事力というよりも、インドが進めるアメリカ等との連携強化である。二〇〇七年に開催された日米印の合同演習、ならびにこれにオーストラリアとシンガポールを加えた大規模な海軍合同演習に、中国は強く反発した。インド洋沿岸諸国におけるインフラ建設、海軍間の合同演習、沿岸警備の能力向上支援、地域枠組み等で、インド洋における影響力争いは激しさを増している［Kaplan 2009: 16-32; Pant 2014: 187-201; Panda 2014: 668-687］。

こうした海洋でのせめぎ合いと密接に関連するのが、石油・天然ガスをはじめとする資源をめぐる中国との競合である。インドは一九九〇年代末からミャンマーの軍政に対し、先行して関係を深めた中国に対抗するかのように急接近し、天然ガス・パイプライン計画を推進してきた。二〇一一年には、ベトナムとも、南沙（スプラトリー）諸島沖での油田の共同開発推進に合意し、中国の反発を招いた。たしかに二〇〇五年の温家宝訪印の際、印中首脳は第三国における石油・天然ガス開発での協力推進を宣言してはいる。しかし、真に重要なエネルギー源については中国に独占されているとの不満が、インド側には強い。アフリカの大半にインドはまったく食い込めておらず、カザフスタンをはじめとした中央アジアでも中国の後塵を拝しているとみられている［Chellaney 2006: 95-100; Sachdeva 2006: 23-34］。

習近平体制が進める「一帯一路」構想については、モディ政権はいずれの政府間協議の場でも共同声明等に盛り込むことを拒否してきた。他方で、構想を資金面で支えるとみられるアジアインフラ投資銀行（ＡＩＩＢ）には、設立メンバーとして正式参画するなど、中国側に期待も抱かせてきた。実際のところ、「一帯一路」はインドにも利益をもたらすとの主張もあった。しかし、それは域内でのさらなる中国の影響力拡大につながる。結局、モディ政権は二〇一七年五月、北京での「一帯一路フォーラムサミット」を前日になってボイコットした。

インドの外務報道官が述べた反対理由は、大きく分けると三点に整理される。第一は「一帯一路」の一部となる「中パ経済回廊（ＣＰＥＣ）」への反発と警戒である。中国の新疆ウイグル自治区とパキスタンのグワダル港を結ぶ巨大計画は、カシミールのパキスタン実効支配地域であるギルギット・バルチスタンを経由する。同地域の領有権を主張するインドとしては、これは安全保障面だけでなく、そもそも政治的に「主権と領土保全に関する核心的懸念を無視したプロジェクト」であり、受け入れられないというのである。第二に、スリランカのハンバントタ港などを念頭に、中国のプロジェクトは、対象国を借金漬けにすると同時に現地の生態系を破壊していると批判した。それと関連して第三に、中国のプロジェクトは透明性を欠いており、裏に政治的な影響力拡大の野心があるのではないかとの疑いを表明した［MEA 2017］。領有権問題で対抗するために、中国が領有権を主張するインド北東部のアルナーチャル・プラデーシュ州の開発を加速すべきだという対抗論が浮上し［Mohan 2017］、海洋においては海軍のいっそうの強化と多国間協力を求める声が、インドで強まった［Khurana 2019: 32-33］。

中国はインドにとって、自らのグローバルな舞台への飛躍の大きな障害でもある。実際、インドの国連安保理常任理事国入りについて、現常任理事国のうちで最も消極的なのが中国である。二〇一〇年に米オバマ大統領がインド支持の発言を行った直後に訪印した温家宝首相は、共同声明で「安保理の場を含む国連において、より大きな役割を果たしたいというインドの熱望を理解し、支持する」という従来の曖昧な表現を繰り返すにとどまった(20)。先に触れたように、二〇〇八年のＮＳＧでのインドの特例扱いの承認に最後まで抵抗したのも中国だった。さらにインドのＮＳＧ加盟に関しては「非ＮＰＴ国の加盟についての技術的・法的・政治的側面」から議論すべきだとして、二〇一六年以降、入口段階ではねつけている。この根底には中国が、インドを世界ではなく南アジアのなかにとどめておきたいと考えていることがあるとみられる。それはいますぐにではないとしても、将来的にはインドが中国の世界戦略のライバルになりうると認識されはじめていることにくわえ、発展モデルの異なる民主主義国インドの台頭は、中国共産党体制に対する挑戦となりうるからである［Pant 2011b: 241］。

依然として必要な中国への関与

それにもかかわらず、現在のインドは対中警戒策のみならず、関与策を必要としている。これはまずなんといっても、インドのさらなる経済成長のために、中国との協調が不可欠だからである。二国間の経済関係については、中国製品の大量流入によってインドの国内産業が駆逐されたり、インドを代表する企業が買収されるという懸念(21)が強く、限定的ではある。それでも、インドにとっては貿易で巨大な中国市場に食い込むことが利益になるのは明らかであり、中国からの投資を引き寄せることで、日米など古参の投資国からより有利な条件を引き出すことが可能になる(22)。

二国間の貿易・投資にもまして中国との協調が経済面で意義をもつのは、グローバルな多国間レジームの形成においてである。ここでは中国は、アメリカや日本などの先進国に対してルール・秩序の変更をともに求める、域外修正主義に欠かせないパートナーとなる。より広く公正な経済秩序の構築やドル中心の国際通貨秩序の見直しを求める点で、印中の利害は一致する。実際に、国際通貨基金（ＩＭＦ）と世界銀行における発言権拡大を実現するとともに、「新開発銀行」やＡＩＩＢ設立という新たな枠組みづくりに中国が果たした役割は大きい。

気候変動や貿易自由化問題では、中国はその経済的台頭の自信からか、しだいに「責任ある大国」として振る舞う傾向もみられるようになってきているが、依然として「途上国」として自らを位置づけている。巨大な人口と広大な面積を抱えつつ、これから先も高い成長率を維持して、貧困や格差を縮小していかなければならない点では、中国もインドと立場は同じである。ＷＴＯにおいても、「途上国」ではなく先進国の保護措置こそまず削減すべきであるという点も同じであり、基本的に共闘関係にある。

グローバルな秩序という見地からすれば、経済面ほど顕著ではないとはいえ、政治面でも印中は利害が一致する点がある。それは、インドが独立以来こだわってきた自主独立外交の維持、国家主権の尊重である。人権や民主主義の名の下での武力介入は――インド自身は域内でやってきたのだが――容認できないというのがインドの基本的立場である。非介入原則へのこだわりは、国力を増大させていけば変化する可能性があるとみる向きもあるが［Mohan and Ayres 2009: 325］、インドも中国もアメリカの軍事力には及ばないし、なによりも国内に反体制勢力を抱えている。とくにインドの「国民国家」としての脆弱性を踏まえると、国家主権は依然重要な意味をもつ。そしてそれを担保するためには、特定の国が世界を牛耳るよりも、多極の世界が望ましい。

ヴァジペーイ政権は、米ブッシュ Jr. 政権期にその単独行動主義が際立つようになったのに対抗して、中国、ロシアとの三カ国の戦略的な対話の枠組みづくりに応じた。ロ印中（ＲＩＣ）は、二〇〇二年から外相会談を定例化し、中国とロシアの主導する上海協力機構（ＳＣＯ）にも、マンモーハン・シン政権のもとでオブザーバーとして二〇〇五年から参加しつづけ、二〇一四年、モディ政権になると正式加盟を申請して二〇一七年には加盟が完了した。これらの枠組みはインドが多国間主義や国家主権の意義を強調する場となってきた。中国との二国間でも、たとえば二〇〇八年にシン首相が訪中した際の共同声明には、「寛容さと多様性の尊重に立脚した国際システムが、平和の大義を促進し、武力の使用とそれによる威嚇を減少させる」こと、および「国際関係の民主化と多国間主義が新世紀の重要な目標」であることが明記された［MEA 2008c］。こうした点で印中の利害が一致するのは、米トランプ政権下の二〇一八年にモディ首相と習近平国家主席との「非公式」会談が開始されたことからも窺える。(23) 二〇一九年に入ると中国がパキスタンのイスラーム過激派指導者の国連制裁指定を受け入れたことで、印中の連携はいっそう進んだ。六月のSCO首脳会議に出席したモディ首相は、名指しは避けつつも、単独行動主義と保護主義の動きを厳しく批判した（*The Hindu*, June 15 2019）。二〇二〇年に起きた印中実効支配線（LAC）での衝突により、インドでは反中感情が高まったものの、モディ政権は中国との政治・軍事レベルの対話をつづけ、事態の沈静化に努めた。パキスタンとのあいだではいっさいの対話を拒絶したのとは、対照的である。

とはいえ、「世界最大の民主主義国」を自他ともに認めるインドは、中国とは異なり、内政不干渉原理を民主主義や人権という価値に無条件で優先させるというわけにはいかない。非民主的な体制に対し、武力行使につながらないような国連の制裁や非難決議は支持する傾向がある。国連安保理で非常任理事国を務めていた二〇一一〜一二年のあいだ、インドはリビア空爆を容認する決議には中国やロシアとともに棄権を選択する一方、シリア非難決議については、断固拒否した中ロとは一線を画し、西側諸国とともに賛成票を投じている。

以上のほか、インドにとっては地域の外交・安全保障、とりわけたびたびインドに挑戦してきたパキスタンに対する政策を優位に展開するために、中国への関与政策が欠かせないという議論もある。コーエンとダスグプタは、インドの戦略コミュニティにおいて対中強硬派はインド人民党においても周縁化されているとして、中国の脅威は直接的なものというよりも、中パの特別な関係にこそあるという見方が強く、それを対中接近によって断ち切りたいと考えていると分析する［Cohen and Dasgupta 2010: 13-14］。「全天候型の友好関係」に楔を打ち込むことで、カシミール問題やアフガニスタンの復興・再建に関するインドの政策の自由度が高まるという見方である。とはいえ、域内現状維持のために、アメリカだけではなく、中国も取り込もうという主張が支配的になっているとはいえない。これまでにみたように、また二〇一九年一一月の東アジア地域包括的経済連携（RCEP）交渉からの離脱表明からも明らかなように、中国こそがインドの域内優位性を脅かす最大の懸念要素と映っている以上、ここでの協力には慎重にならざるをえないからである。

冷戦期からの「時の試練を経た」対ロ関係

対米・対中関係と比較すると、ロシア（旧ソ連）との関係の変化は小さい。冷戦期のインドにとってソ連は、とくに一九七一年の印ソ平和友好協力条約締結以降は、域内の現状維持のために、唯一にして最も信頼できる力のあるパートナーだったといえる。第三次印パ戦争にあたって兵器の供給にとどまらず、米中の介入を牽制し、さらには国連安保理の場でもカシミール問題と印パ関係に関し常任理事国としてインドに不利な決議を阻止してくれたからである。インドが推進した非同盟運動は、東西双方との同盟を拒否し、冷戦構造を批判するものではあったが、ソ連は反帝国主義の見地から脱植民地化を支持していたし、反資本主義・自由貿易体制の見地から新国際経済秩序を求める「南」の声にも好意的だった。すなわち、間接的ながらインドの域外における修正主義を支える存在でもあった。

だからこそソ連の崩壊はインドに衝撃を与えた。たしかに小さくなったとはいえ、後継のロシアも一九九三年にインドと新たな友好協力条約を結んだ。しかし、一九九〇年代のロシアは、経済立て直しや西側世界への接近に重点を置き、総じてインドへの関心は高いものではなかった。インドのほうも、冷戦後の新たな世界のなかで、自由化後の経済運営に追われ、東南アジアを足がかりとした多角的な経済外交の構築に力点を置いていた。一九九八年に訪印したロシアのプリマコフ首相は、ロ印中三カ国の戦略枠組みを提唱したものの、インド側は関心を示さなかった。

ロシアのインドに対するアプローチが本格化するのは二〇〇〇年のプーチン大統領就任以降である。「強いロシア」の再建を目指すプーチン政権は、西側に与するよりも、それに挑戦しうるような国になるために、非西側諸国との関係を重視した。インドも、一九九九年のパキスタンとのカルギル紛争を契機として、兵器近代化の必要性を認識した。プーチン大統領は就任したその年に訪印し、両国は「戦略的パートナーシップ」を宣言した。クリントン米大統領の歴史的訪印には半年ほど先を越されたものの、インドとの戦略的パートナーシップ関係構築では、米中に先行したのである。以来、印ロ間では、毎年の首脳の相互訪問が完全に確立され、履行されてきた。同様の関係は印米、印中間ではまだみられない。冷戦期以来の長年の信頼関係を遺産として受け継いでいる強みであろう。

印ロの緊密な関係が際立つのはとくに兵器とエネルギーの分野である。なるほど多様化しつつあるとはいえ、依然としてインド軍の戦力の中心を支えているのは、MiG-21戦闘機をはじめとした旧ソ連に由来する兵器体系であり、近年インドが力を入れている海軍力増強についても、ロシアの退役空母が導入された。インドにとって防衛装備品ではロシアは最大の供給先であり、ロシアの巨大な防衛産業にとっても、インドは二〇〇七年以降、中国を抜いて最大の顧客となった(24)。他方ロシアの巨大な防衛産業にとっても、インドは二〇〇七年以降、中国を抜いて最大の顧客となった。現在、中ロ関係が改善へと向かっているとはいえ、ロシアは中国に対してその最新鋭軍事技術・兵器を提供することはなく、もっぱらインドに対してのみ提供しているという事実が、信頼関係の深さを物語っている。これをもとに近年では、ブラーモス・ミサイルや第五世代戦闘機など、従来の売り手-買い手の関係を超え、共同の研究開発や生産に向けた動きもみられる(25)。

原子力協力でも、ロシアは長年のパートナーである。もともとロシアはインドに対し、核燃料を供給し、施設建設も行ってきた。ところが、二〇〇四年までに、そうした協力が当時のNSGガイドラインに抵触するとの国際的批判が高まり、協力停止に追い込まれていたという事情がある［吉田 2006: 18］。ロシア側は、NSGでインドが特例扱いされるやいなや、二国間協力協定を結んだ。しかもこの印ロ間の協定には、印米間ではかならずしも明確になっていないインド側の濃縮・再処理の権利、および核燃料の安定供給が盛り込まれた。実際に、ロシアはこれまでの蓄積を活かし、アメリカなどより早くインド南部のタミル・ナードゥ州において原発建設を進めている。またロシアの石油・天然ガスの大規模な開発を目指すサハリン・プロジェクトについても、インドは積極的に参加しその権益を確保してきた。

とくにプーチン政権発足以降のロシアは、「世界大国化」を図るインドの域外での修正主義の要求に最も理解があり、頼りになるパートナーとなった。インドの国連安保理常任理事国入りやＮＳＧほか国際輸出管理レジームへのインドの参加について、二〇〇〇年という早い段階から最も明確な支持を与えてきたのは、ロシアであった。その後アメリカの単独行動主義の傾向が強まると、これに公然と立ち向かったプーチンのロシアをインドが支持し、中国とともにロ印中（ＲＩＣ）の枠組みが動きはじめた。そこでは、二〇〇七年にインドで開催された外相会談で合意されたように、「より民主的で多極の世界」を実現するために、国連を中心とした「国際関係の民主化」が必要であることが確認されている［MEA 2007c］。インドにとってこの枠組みは、ロシアの力を借りて、自らの国連安保理常任理事国入りに否定的な中国の態度を多少なりとも軟化させることが期待できるという意味ももつ。

インド優位の域内現状維持へのロシアの支持も冷戦期からつづいている。ロシアは依然として、カシミール問題は印パの二国間問題だとして域外の介入に反対の立場をとっているし、パキスタンのテロ輸出を厳しく糾弾しつづけている。この点は中国の反応とはまったく対照的である。このほか、米軍撤退後のアフガニスタンやイラン核問題への対応、中央アジアの過激主義抑制といった点でも、両国の利害は一致する。インドは「中パ経済回廊（ＣＰＥＣ）」に対抗するかたちで、イランのチャーバハール港から中央アジア、ロシア、ヨーロッパをつなぐ「南北輸送回廊（ＩＮＳＴＣ）」を推進しようとしているが、ここでもロシアの協力は欠かせない。

しかし、とくにインドからみれば、ロシアの重要性は、こうした関係の深い分野ですら相対的に低下傾向にある。それは対米関係を中心とした西側諸国との関係が構築・強化されたことの影響が大きい。もはやインドにとってロシアは唯一の選択肢ではない。インドが一九九九年のパキスタンとのカルギル紛争や、二〇〇一～〇二年の印パ危機を収束させるのに、また二〇〇八年のムンバイ同時多発テロ後のパキスタンにおけるテロ取り締まりにおいても、最も頼りにしたのはアメリカであった。兵器供給の点ですら、二〇一二年にインドは次期戦闘機一二六機の導入についてロシアではなくフランスをパートナーとして選択するなど、調達先の多角化を図っているため、もはやロシアの独壇場ではなくなっている。

二〇一四年、ロシアは、ウクライナ・クリミア危機で西側から経済制裁を受けるなかで、パキスタンに四五年ぶりに国防相を送って、兵器を含む軍事協力の開始を発表した。ロシア側はきわめて限定的なものにすぎず、テロ対策に資するものしか提供していないと主張したものの、インドの不信感をかき立てることになった。パキスタンへの協力は対米緊密化を図るインドをもう一度引き寄せるためのメッセージという側面もあったのかもしれない(26)。WTOや国連気候変動枠組条約締約国会議といった国際経済秩序形成の舞台では、印ロの連携は印中に比べて目立つものではなく、そもそも利害がかならずしも一致するわけではない。

二国間の経済関係に目を移すと、印ロ間では貿易、投資とも限定的といわざるをえない。この分野での関係はソ連崩壊とともにいったん途切れ、依然としてかつての水準にすら達していない［Sachdeva 2011: 216］。二〇一八年度の貿易総額をみると印米が約八八〇億ドル、印中が約八七一億ドルに達したのに対し、印ロはこれらの一〇分の一にも満たない八二億ドルにとどまった。ロシアからの直接投資も、二〇〇〇年からの二〇年間でインドが受け取った総額の〇・三％にとどまる(27)。エネルギーや兵器を除けば、経済面での印ロの関係性は無視できるようなレベルにすぎない。

このようにみれば、ロシアはインドにとって今後も重要なパートナーであったとしても、外交の中枢に位置づけられることはないといえよう［Ollapally 2010: 246］。

三つの「戦略的パートナーシップ」の意義

インドは二一世紀に入り、アメリカ、中国、ロシアの三カ国いずれとのあいだでも、関係を進展させ、緊密な協力関係を謳う「戦略的パートナーシップ」を宣言してきた。しかし、それぞれの関係の内実に目を向けると、問題領域によって親和性や協力関係の深い相手と、反対に疎遠だったり、または競争・対立関係にある国に分かれることがわかる。これまで、インドが冷戦後の三〇年ほどのうちに展開してきた三カ国との関係を個別に論じてきたが、それらをインドが「世界大国化」(28)を図るなかで重視する問題領域ごとに簡潔に整理すれば、次ページの表のようなイメージになるだろう。

各国との関係の評価は相対的なものにすぎない。くわえて念頭に置かねばならないのは、問題領域の重要性は、まずもってインドを取り巻く国際環境の変動によって、次いでインドの国内情勢の変動

インドからみた米中ロの関係イメージ（2020年時点）

問題領域	アメリカ	中国	ロシア
国内政治的価値（民主主義、人権、多様性）	○	×	△
国際政治秩序（多極世界、主権尊重）	×	○	○
国際経済秩序（WTO、気候変動問題等）	×	○	△
政治大国化（国連安保理常任理事国、NSG入り等）	○	×	◎
地域外交・安保（カシミール、インド洋、中国等）	○	×	◎
軍事協力（兵器輸入・開発、本格的な合同演習）	○	×	○
貿易・投資	◎	○	×
エネルギー・資源	○	×	○

記号注：◎親和性・協力関係がとくに強い
○基本的に親和性・協力関係が強い
△どちらともいえない　×基本的に疎遠ないし競争・対立関係が強い

によって、浮沈がみられるという事実である。とくに国内政治的価値や国際政治秩序に関しては、その傾向が強い。たとえばイラク戦争開始以降の米ブッシュJr.政権の時代には、国際政治秩序のありかたをめぐる問題が大きくなり、ロ印中の戦略的トライアングルの可能性がインド国内でも論じられた。しかし多極世界が現実のものとなった米オバマ政権発足後は、この問題領域の重要性は低下した。その結果、パントが指摘したように、むしろ三カ国の利害の不一致が露呈するとともに、三者とも対米関係を重視するようになったため、「戦略的トライアングル」の意義は薄れた［Pant 2008: 39-62］。ところが米トランプ政権が自国第一主義的な政策を打ち出したことで、国際政治・経済秩序の重要性がふたたび高まることになった。

また国内政治における民主主義や人権、多様性の尊重といった価値は、中国、あるいは過激主義やテロに対する脅威認識が高まったときに、それへの対抗理念として、アメリカ、また場合によってはロシアとの連帯を図るために強調される傾向がある。インドはアメリカとのあいだでは両国は「世界の二大民主主義国」であることを、ロシアとのあいだではどちらも「世界最大の多民族、多言語、多宗教国」であることを、強調してきた。他方で、中国やパキスタンとのあいだの共同声明・宣言では、「世界の二大途上国」としての利害の一致を謳うものの、こうした国内政治上の価値についてはは言及されることはない。国内政治における価値の重要性は、完全にではないにしても相当程度、域内現状維持を目指す、地域外交・安全保障の問題領域の従属変数として規定されるといえるだろう。

こうした点に留意しつつも、問題領域ごとに相対的にではあれ、各国との関係を位置づけてみると、少なくとも以下の三点を読み取ることができるだろう。第一は、すべての問題領域について親和性・協力関係が強い国というのはなく、反対にすべての問題領域について、疎遠ないし競争・対立関係が強い国というのも存在しないということである。第二に、インドからすれば、すべての問題領域について、米中ロの少なくとも一カ国か、多くの場合二カ国との親和性・協力関係が期待しうるという点である。これと関連して第三に、ロシアとは貿易・投資関係が低調ではあるものの、その他の点ではなんら対立点もなく、親和性・協力関係がみられる。しかし注目すべきなのは、インドは、ロシアとの関係がたとえなくとも、どの問題領域についても米中いずれかとの親和性・協力関係は期待できるという点である。

このことを踏まえれば、インドにとっての米中ロの関係のそれぞれの意味合いはつぎのように位置づけられよう。まず新たなパワーであるインドにとって、古いパワーであり、かつ超大国のアメリカは、世界における現状維持国家であるため、あるべき国際政治・経済秩序のありかたではインドとは元来、対立関係にある。しかし、国内政治における価値の共有を背景に、中国やパキスタンを牽制することでインドの域内現状維持を図るとともに、域外においても国連安保理常任理事国入りやＮＳＧ加盟を実現するにはアメリカは欠かせない存在でもある。すなわち、超大国アメリカは、インドが求める域外の既存の国際秩序そのものの修正には応じないものの、インドを「特例的に」引き上げてくれるパートナーなのである。

対照的に未解決の国境問題を抱え、南アジアやインド洋にその影響力を拡大する中国は、直接的にも間接的にも、インドの域内現状維持を脅かす存在である。それればかりか、域外においても、中国はインドの国連安保理常任理事国入りやＮＳＧ加盟に否定的態度をつづけ、インドの政治的飛躍の最大の障害となっている。その意味で、中国は、既存の国際秩序の枠組みを前提としたとき、競い合うライバルということになる。しかし同時に、気候変動やＷＴＯ交渉にあたっては、新興国として有利な経済環境をつくるために共闘するパートナーでもある。またアメリカが一極支配の動きをみせたり、国家主権が軽んじられ、安易に武力行使がなされるような動きがあれば、それを牽制するため国連やＲＩＣ、ＳＣＯの場で協調することもある。そういう意味では、中国は、域外修正主義の同志でもある。「敵対者」であるのはパキスタンと変わらないとしても、協力・関与することで期待できる利得は決定的に異なる［Paul 2019: 14-16］。

最後に、最も古くからの友好国であるロシアとは、依然としてほぼ良好かつ緊密な関係を維持してはいる。しかし、冷戦後のロシアについては、核戦力を中心とした軍事力ではともかく、総合的な国力という点では、米中に劣ることは否めないだろう。さらにインドからみると、米中二大国との関係だけでも相補性が確保できる。他の西側諸国や新興国との関係も構築した。そうなるとロシアとの関係は、今日のインドにとっては基本的には二次的なものとならざるをえない。しかし首脳会談などでたびたび強調される「時の試練を経た」印ロの深い絆は、インドにとっては対米・対中関係が危機に陥った際の「保険」であるのと同時に、対米・対中関係を自らに有利に展開するための「梃子」でもある。たとえば、印米原子力協定成立後、インドの原子力損害賠償責任法が不十分だとして米メーカーが参入をためらうなか、ロシアが原発建設を先行して進めたことや、ロシアを含むＲＩＣ等の枠組み内での議論をつうじて、中国がインドの国連安保理常任理事国入りに多少なりとも前向きな態度を表明していることを想起してほしい。(29)

「全方位型戦略的パートナーシップ」外交のゆくえ

印中国境紛争以来、冷戦期のインドにとっては、ソ連だけが頼りにできる主要なパートナーであった。しかし冷戦崩壊後、とりわけ二一世紀に入るとこの状況は一変した。インドはアメリカ、中国、ロシア、その他世界中のあらゆるパワーとの関係を構築・緊密化させる「全方位型戦略的パートナーシップ」外交を展開してきた。しかし、それぞれの「戦略的パートナーシップ」にインドが期待するものは同じではない。とくに旧来のパワーであるアメリカと、それを急追する新興のパワーである中国に対して、インドは域内での自らの優位性を維持・回復するとともに、域外での自らの劣位性を克服するために、一方に望めないものを他方から引き出しているといえるだろう。それゆえインドにとっては、いずれの関係も維持していくことが欠かせない。

インドはこれら主要なパワーとのあいだで振り子のように揺れ動いているようにみえる。二〇一八年一一月、G20首脳会議のため、アルゼンチンのブエノスアイレスを訪れたモディ首相は、日本の安倍首相、アメリカのトランプ大統領とともに初めての三カ国首脳会談に応じた。モディは日米印の頭文字をとったJAIはヒンディー語で「勝利」を意味すると紹介し、民主主義的な価値やビジョンを共有した連携の意義を強調した。そのうえで、コネクティヴィティ、持続可能な開発、テロ対策、海洋・サイバー安全保障などでの協力を深めていくことで三カ国は一致したという。さらに、インド太平洋地域における「自由で開かれた、包摂的な法にもとづく秩序」を推進していくことを確認し、海洋進出を強める中国を牽制する姿勢を世界に示した。インドは日米の側にいっそう近づいた、と思いたくなるかもしれない。しかしそれから数時間後、モディは一二年ぶりとなる露印中（RIC）首脳会談に臨んだのである。ここではモディは、多国間主義の意義を強調し、WTOなどにおいて新興国・途上国の利益を守ることで、習近平国家主席、プーチン大統領と意見の一致を確認するなど、アメリカの保護主義的な政策を牽制してみせた（*The Indian Express*, Dec. 1 2018）。まったく同じ光景は、翌二〇一九年のG20大阪サミットにおいても繰り返された。

自主独立外交としての戦略的自律性を維持しようとするならば、特定の陣営に片寄りすぎるべきではない。その意味ではこれは、「バランス外交」（『産経新聞』二〇一八年一二月五日朝刊）ではある。

しかしそれだけではない。それは「アルタ的現実主義《リアリズム》」にもとづいたものでもある。

これまでにみてきたように、インドには、域内外の問題領域のほとんどの点で、互いの利害が一致するパートナーはいない。唯一、ロシアが理想像に最も近いものの、その国力は米中に比べると限定的であり、米中とは国力において依然大きな開きのあるインドにとっては、ロシアだけでは不十分なのは明らかである。もしインドが一方に急接近し、他方と対立関係に陥ったかのようにみえるとしても、それは全面的な接近ないし対立を意味するのではなく、ある特定の問題領域にかぎった話にすぎない。換言すれば、今日のインドは自らの「世界大国化」のために、大半の分野で協力的で信頼しうる、力のある相手をもたない。サラン元外務次官がいうように、「すべての主要国とより強力かつ多様な関係を構築できればできるほど、わが国の課題に対処するのに役立つ」（*The Hindu*, Oct. 17 2018）と考えるのはそのためである。だからこそ、問題領域ごとに頼るべき相手を使い分ける「全方位型戦略的パートナーシップ」外交こそが、プラグマティックな選択肢となるのである。

しかし、インドがいつまでもこうした外交をつづけられる保証はない。というのも、そもそもこうした外交を可能にしてきたインドに有利な国際環境は、インド自身の国力の向上はもちろんだが、それ以上に冷戦後のアメリカ、中国、ロシアのあいだのパワーシフト、そしてその変化のなかでの三カ国の駆け引きの産物でもあったからである。たしかに、二〇一〇年後半のわずか半年間のうちに国連安保理常任理事国の全首脳が立て続けに訪印する「インド詣で」があった。また二〇一二年、インドが初の「大陸間弾道ミサイル」アグニVの発射実験に成功したとき、各国はこれを容認したばかりか、歓迎すらした。これはいずれの国にとっても、インドが自らの側に引き寄せたい存在として映っていることを意味していた。インドはいまや、その動向が今後の世界秩序を左右する「グローバル・スイング国家（global swing states）」と位置づけられているのである(30)。

しかしそれはあくまでも、今日の世界のパワー・バランスを前提にしたときの話である。もし今後、中国の国力が軍事面でもアメリカに近づき、中国が世界覇権を握る可能性が目前に迫ったときはどうなるだろうか。またその中国が、「一帯一路」プロジェクトをつうじ、インドの域内である直接・拡大近隣でインドを押しのけて地域覇権を確立するような事態が生じたときには、どうなるだろうか。どちらにつくか選択せず、各国とのその時々の関係から最大の利益を得る手法が、いつまでも通用しないとの見方は多い［Pant 2016: 2; Xavier 2019］。それでもインドが、大国としての自尊心をもち、自律的外交にこだわるのであれば、インドが飲み込まれない程度のパワーとの関係が、より重要性を帯びることになろう。

（3）日印関係の限界と可能性——日本になにを期待するのか？

日本はその点でつきあいやすいパートナーにちがいない。インドからみた日本は、民主主義という価値ならびに中国の台頭と自己主張の高まりへの懸念を共有し、G４の枠組みでともに国連安保理常任理事国入りを目指している。さらに貨物・高速鉄道をはじめとしたインフラ構築等でインドの成長を支えてくれる存在でもある。けれども、WTOや気候変動問題では互いの主張がぶつかる。対日関係の問題領域ごとの価値・利害の一致度は、基本的には対米関係と変わらない。しかし、日本の国力はアメリカほどではなく、高度な技術力をもちながらも、とくに政治・安全保障面では――敗戦の記憶と平和憲法の下で――力の行使に抑制的な国として受け止められている。モディが初訪日の際に中国を念頭に言及したという「一八世紀の拡張主義的思考様式」［Modi 2014］をもたない安心できる国、それが日本なのである。

歴史的にみれば、日印間には双方を近づける正の遺産となりうるもの――岡倉天心とタゴール、ボース、パル判事など――はあっても、日中や日韓の間でしばしば問題となるような侵略の記憶をめぐる負の遺産は、基本的に存在しない。ネルーは、独立前からアジアの連帯に大きな期待を抱き、インドがその中心的な役割を果たすべきだと考えていた。このネルーのアジア観には、日本も含まれていた。(31) ネルーはサンフランシスコ講和条約には参加せず、一九五二年に対日請求権を放棄して、(32) 二国間で平和条約を結ぶ道を選択した。一九五五年のアジア・アフリカ会議（バンドン会議）には日本も招かれた。

しかしその後は、冷戦構造が日印関係の大きな障壁となった。吉田茂首相は、サンフランシスコ講和条約とともに日米安全保障条約に署名し、日本は名実ともに西側陣営に入った。これに対し、ネルー首相は、「非同盟」の立場を掲げた。それだけでなく、一九六〇年代には非同盟諸国首脳会議を中心とする非同盟運動を展開し、東西の軍事ブロックに批判的な立場を鮮明にした。パキスタンや中国との戦争において、日本はインドに対して軍事的支援はもちろんのこと、政治的・外交的にも支持を与えることはなかった。インドにとっての日本は、「敵対者」ではなかったものの「友邦」ではなく、国民国家維持においても、域外においても、域内においても、外交・安全保障の基本路線でまったく相容れない相手となったのだった。

インディラ・ガンディー首相が印ソ平和友好協力条約を締結し、日本の仮想敵であるソ連への傾斜を強めた一九七〇年代に、日印関係はいっそう疎遠になる。東西の緊張緩和のなか、非同盟運動が南北問題に重点を移すと、インドはそのリーダーとして振る舞い、域外においての修正主義的な要求を強めていった。そのため、高度経済成長を経て先進国の仲間入りを果たした日本とのあいだでは、国際経済秩序における利害の対立点が際立つようになったのである。さらに、核不拡散体制に入ることを拒絶したまま一九七四年にインドが最初の地下核実験を行うと、日印の溝はさらに深まった。

一九八〇年代に入ると、状況はやや改善した。経済危機を受けてインドは外資規制を若干緩和し、スズキ自動車などがインドに進出をはじめる。しかし投資や貿易は、小規模で限定的なものにとどまり、当時の「日印の最大の絆はＯＤＡ」[佐藤 2012: 300] であることに変わりはなかった。一九八二年にインディラ・ガンディー首相が訪日し、一九八四年には中曽根康弘首相が訪印したものの、米ソ新冷戦のなかでは、経済以外の政治や安全保障の分野で日印が関係を構築できる余地はほとんどなかった。

したがって、冷戦構造崩壊は、日印関係の最大の障壁が取り除かれたことを意味した。安全保障面では、ソ連は解体し日本の主たる仮想敵ではもはやなくなった。他方、インドは後継国ロシアと新たな友好協力条約を結んだとはいえ、力の衰えたパートナーに大きな期待を抱くことはできず、新たなパートナーを欲していた［Dixit 1998a: 218］。一九九一年にこれまでにない規模の自由化政策を発表し、社会主義経済を放棄したナラシンハ・ラーオ政権は、いわゆる「ルック・イースト」政策を展開する。(33)

このとき、インド側の射程に日本が含まれていたのは間違いない。堀本武功は、「インドの『ルック・イースト』政策の主眼点は、日本である」とまで指摘していた［堀本 1997: 130］。インドには、東南アジア諸国の発展に日本が果たした役割への期待があった［Pant 2010: 217］。実際、インドは一九九二年に外相、蔵相、さらにラーオ首相自身も訪日して、援助のみならず投資の拡大を求めた。しかし日本側の関心は低く、いずれの訪問も具体的な成果のないまま「手ぶらで」帰国する羽目になった［Kapur 2009: 321］。日本ではとくに民間が慎重なままであった［Saint-Mézard 2006: 46-48］。当時の日本企業にとって、インドは自由化したとはいっても、まだ見通せない部分が多く、劣悪なインフラ環境などからも中国や東南アジアと比べ、経済進出にはリスクの高い国とみなされたのである。

その言葉自体は用いていないものの、ルック・イースト政策をラーオ首相が表明した演説として知られる一九九四年四月のシンガポールでの演説は、「アジア太平洋との新しい関係の構築」と題するものだった。そこでラーオは、「アジア太平洋諸国からの投資と協力を可能なかぎり引き出すこと」が自らの使命であるとし、「アジア太平洋はわが国が世界市場に飛躍するための跳躍台になりうる」と期待を示した。アジア太平洋の中核組織として、ＡＳＥＡＮにくわえてアジア太平洋経済協力会議

（ＡＰＥＣ）に繰り返し言及してもいる［Rao 1995: 390-405］。

しかし日本やアメリカは投資に否定的な姿勢を変えず、インドは戦略転換を余儀なくされた。結果的に、「インドは広範なアジア太平洋地域を目指すという初期の野心を縮小し、東南アジアに努力を傾注せざるをえなくなった」［Naidu 2011: 8］のである。かくしてラーオ政権のルック・イースト政策は、実質的には経済を軸にしたＡＳＥＡＮ政策と化した。そして一九九八年のヴァジペーイ政権による核実験・核保有宣言によって、日印関係は「奈落の底」［堀本 2015a: 105］にまで落ちることとなる。その結果、一九九〇年代のインド外交において日本は周縁化され［伊藤 2017:81-97］、この時期は日印関係にとって「失われた十年」となった［佐藤 2012: 301］。

日印関係の新たな扉を開いたのは、日本の同盟国アメリカのインドへの接近だった。アメリカが日本に対し、インドやオーストラリアとの戦略的関係構築を促したのである［Pant 2010: 211］。二〇〇〇年、クリントン大統領の訪印から数カ月後に森喜朗首相が日本の首相として一〇年ぶりにインド訪問を果たした。この際に宣言された「日印グローバル・パートナーシップ」に立脚して、局長級の安全保障対話や防衛当局間協議、海上保安当局間での連携訓練と長官級会合が開催されるようになった。とはいえ、二〇〇〇年代前半の日本側の関心は依然限定的で、イラク・北朝鮮問題、そしてなにより も郵政民営化等の内政問題に追われていた。

風向きを変えたのは、二〇〇五年に中国各地で発生した反日暴動である。以降、日本においても対中脅威論が台頭するようになった。暴動後に訪印した小泉純一郎首相は、日印関係に「戦略的方向性」を付与することで合意し、翌二〇〇六年のマンモーハン・シン首相訪日時に正式に「日印戦略的グローバル・パートナーシップ」が宣言された(34)。ここから日印は中国の影響力が拡大する「地域」においても協働していくこととなった［伊豆山 2017: 166］。

二〇〇七年には、「自由と繁栄の弧」の形成を掲げる第一次安倍政権の下で日米豪印の連携枠組みが模索され、四カ国の安全保障協議や日米印、日米豪印にシンガポールを加えた大規模な海上共同訓練が行われた。四カ国枠組みは中国の強い反発と、日米豪の指導者の退場とともに、いったん自然消滅したかにみえた。それでも日印二国間では二〇〇八年に「安全保障協力に関する共同宣言」、翌年には同宣言にもとづく「行動計画」が合意され、以降は年次次官級2プラス2対話をはじめ、重層的なレベルでの協議や海上共同訓練も実施されるようになった。インドにおいても、二〇〇〇年代の終わりまでには、実効支配線（LAC）における人民解放軍の「侵入」が問題視されるようになっており、二〇一〇年代に入ると南アジア周辺国への中国の進出が顕著となり、インドの域内現状維持が危うくなっていたことが、その背景にあった。

とはいえ、日印の対中認識には温度差もあった。第一は、先に述べたようにインドにとっての中国は、新興国の「同志」という側面もある点である。インドは、日本とは対照的に、世界貿易機関（WTO）や気候変動問題など、既存の先進国主導のグローバルな経済秩序に対し、自国の成長のために修正を求める立場にある。この点でインドにとって、中国は協力すべき不可欠なパートナーであり、中国との関係を全面的に悪化させることは得策とはいえない。第二に、インドは「非同盟」の伝統から「戦略的自律性」を重んじ、特定の同盟国をもたない点である。中国の脅威に対し、有事の際には米軍との共同防衛を想定する日本の自衛隊とは異なり、インド軍は独力で対処することになる。現状での戦力と国境付近のインフラに印中間で格差があることを踏まえれば、より慎重な対応が求められるのは当然だろう。第三に、中国の脅威を意識する場の違いという点である。尖閣諸島問題や北朝鮮の核・ミサイル問題に対する中国の行動は、インドの安全保障に直結する問題とはみなされていない。他方でインドが懸念する印中国境での中国の攻勢、中国のパキスタンへの経済・外交・軍事支援、インド周辺国への中国の影響力拡大といった問題に関しての日本側の関心は、高いとはいえなかった [Ito 2013: 120-125]。日印間で重なり合う対中認識の場は、おそらく南シナ海を除けばほとんどなかったといってよい。

ところが習近平体制下の中国が、鄧小平の掲げた「韜光養晦」路線から完全に脱却し、経済と軍事のあらゆる面で力を誇示した自己主張を展開するようになると、こうした日印の相互に異なる認識も収斂する方向へ向かう。二〇一二年末に発足した第二期安倍政権は、政権獲得直前に安倍首相が掲げた「セキュリティ・ダイヤモンド」構想を実体化しはじめる。すなわち、日米同盟とともに、オーストラリアとインドを「準同盟国」に位置づけようと試みたのである。これに呼応したのが二〇一四年に発足したモディ政権だった。すぐさま訪日したモディ首相は、日印関係を「特別戦略的グローバル・パートナーシップ」に引き上げることに同意する。その直前に日豪が宣言したものと同じ「特別」という表現をモディは受け入れたのである。

モディ政権は日本の新幹線システムの導入を決め、安倍政権は「唯一の被爆国」として国内で反対論の根強かった民生用原子力協定の締結に踏み切る。[35] 防衛装備品・技術移転協定と秘密軍事情報保護協定が締結され、物品役務相互提供協定（ACSA）交渉も最終段階に入った。救難飛行艇US－2を筆頭に日本の防衛装備品をインドに供給するための協議すら行われるようになった。印米間に次いで二〇一九年からは2プラス2も閣僚級で開催している。

多国間でも、海洋進出を強める中国への対処を意識した「インド太平洋」概念を軸にした連携がさらに強化された。日米印協議は外相級に格上げされ、印米海軍のマラバール演習に海上自衛隊が恒常的に参加するようになったほか、日豪印という新たな枠組みでも次官級協議が開始された。二〇一七年末には一〇年ぶりとなる日米豪印協議が開催されている。それは、ドクラムでの印中軍事対峙やハンバントタ港、中パ経済回廊（CPEC）など、中国の「一帯一路」構想が実体化したのを受けた反応だったといえる。

非軍事的分野での日印連携の可能性

しかしインドの直接・拡大近隣としての域内での中国による現状変更の企てに対抗しようとするならば、純粋な軍事的アプローチだけでは不十分である。そもそもこの点では日本ができることはかぎられている。インドが日本に期待するのは、むしろ「民生」におけるその高い技術力と援助・投資によって、インドの域内現状維持・回復に貢献してくれることに力点があるといってよい。

一つにはイラン南東部のチャーバハール港から中央アジア、さらにはロシア、ヨーロッパへとつながる「南北輸送回廊（ＩＮＳＴＣ）」構想がある。実現すれば、インドはパキスタンを経由することなく、これら地域へのアクセスが可能になる。二〇〇二年のインド、イラン、ロシア間の合意にその起源をもつものの、イランへの経済制裁もあり、なかなか進捗がみられなかった。しかし、パキスタンのグワダル港と新疆ウイグル自治区を結ぶ「中パ経済回廊（ＣＰＥＣ）」に中国が巨額の投融資を注ぎ込むなか、モディ政権は二〇一五年のイラン核合意の成立と同時に、ＩＮＳＴＣ構想の実現に向けて動き出す。二〇一六年にモディ首相はイランにおいてロウハニ大統領ならびに同国を訪れていたアフガニスタンのガニ大統領と三者会談を行い、チャーバハール港開発とアフガニスタンまでの鉄道・道路建設で合意した。じつは日本の安倍政権は、この段階からインドと連携してこの構想に参画しようとしていたのである（『日本経済新聞』二〇一六年五月八日朝刊）。

ところが米トランプ政権がイラン核合意から一方的に離脱し、ふたたび経済制裁をはじめたことで、日本側は協力に消極的になっていった[36]。インドは二〇一七年一二月にチャーバハール港を開港し、その暫定的運営権を手に入れたものの、ＩＮＳＴＣを具体化できる目処は立っていない。

もう一つの協力の場が、インド北東部の開発、およびＡＳＥＡＮとのコネクティヴィティの構築である。「ルック・イースト」から「アクト・イースト」への転換［PMINDIA 2014］を掲げて、より積極的にＡＳＥＡＮ、そして日米豪との戦略的関係強化を図るモディ政権と、「質の高いインフラ」を武器に「自由で開かれたインド太平洋」を掲げる安倍政権には、この点で親和性があった［Mohan

2015d]。

その鍵となるのが、ミャンマーやバングラデシュとの結節点となるインド北東部のインフラ整備である。この地域の道路整備は新たな物流網を構築し、モディの目指す「メイク・イン・インディア」政策に資するものと期待されている。しかしじつは同時に、これは経済的な意義だけでなく、インドの安全保障にも寄与すると考えられている。中国とも国境を接する北東部の脆弱なインフラが整備されれば、いざ有事となった場合にインドの軍事動員が容易になるからである。さらにはインド側には中国が領有権を主張するアルナーチャル・プラデーシュ州の開発に日本を引き込むことができれば、実効支配の既成事実化につながるという政治的思惑も窺える。(37) 急激な治安悪化のため先送りされた二〇一九年末の安倍首相の訪印は、ニューデリーではなく、北東部のアッサム州とマニプル州で行われる予定だった。これには、これまでに積み重ねられてきた北東部開発協力の成果といっそうの拡大をアピールする意図があったものと思われる［伊藤 2020: 2-9］。

さらに大規模な構想としては、モディ政権が二〇一七年の「一帯一路フォーラムサミット」をボイコットした直後に発表された「アジア・アフリカ成長回廊」（ＡＡＧＣ）がある。日印両国は、二〇一六年一一月の首脳会談時の共同声明で、「アジアとアフリカの産業回廊及び産業ネットワークの開発を促進していく」［外務省 2016a］としていたが、二〇一七年五月、グジャラート州ガンディナガルで開催されたアフリカ開発銀行総会の開会式で演説したモディ首相は、安倍首相の名を出して、この点で「インドは日本と協力していく」と宣言した。日本貿易振興機構（ＪＥＴＲＯ）とインドおよびインドネシアのシンクタンクが翌日に共同で発表した「アジア・アフリカ成長回廊構想文書」によれば、同構想は、質の高いインフラによるコネクティヴィティ構築、能力・技術向上、保健・医薬品・農業・災害管理などの協力、人的交流を柱とし、「自由で開かれたインド太平洋地域実現のため、アジアとアフリカの成長と相互連結を改善」することを目指すという［RIS, ERIA and IDE-JETRO 2017］。平松賢司駐インド大使は、ＡＡＧＣについて、「日本の技術と資本、インドのアフリカにおける強いネットワークと経験のシナジー」への期待を表明した（*The Hindu*, May 25 2017）。これが中国の「一帯一路」を意識したものであることに疑いの余地はない。

もっとも、その構想が実現するかどうかは定かではない。二〇一八年一〇月の日印首脳会談の際、「インド太平洋（アフリカを含む）における日印開発協力」についての「ファクトシート」が公表され、第三国での開発協力の個別事例が示された［外務省 2018b］。そこには、（1）ＬＮＧ関連インフラ整備等のスリランカでの協力、（2）ミャンマーのラカイン州での住宅・教育・電化事業、（3）バングラデシュでの道路・鉄道建設・整備等での協力、（4）ケニアにおける中小企業開発セミナーとがん病院設立が、例として挙げられたが、規模や戦略性には乏しい。

たしかに二〇一九年になってスリランカのコロンボ港での日印協力が発表された。ハンバントタ港の事例から、いわゆる中国による「債務の罠」への懸念は、スリランカだけでなくモルディブやマレーシア、ミャンマー、さらにはパキスタンにおいてすら広がっている。二〇一八年、日本がマレーシアのマハティール政権に対し、またインドがモルディブで誕生したばかりのソリ政権に対し、対中債務の「借り換え」を意図した財政支援を発表したように、財政的に脆弱なインド洋各国における債務軽減に向けた取り組みは、日印双方とも喫緊の課題として認識するようになっている。

しかしそれにくわえて重要なのは、中国に依存しなくとも、別の発展の道があることを示すことにあろう。パキスタンだけでなく、スリランカ、モルディブ、ネパールといったインドの隣国、さらには東アフリカの沿岸国ならびに島嶼国は、日本にとっては遠く、その関心も高いとはいえない。しかしインドが伝統的な勢力圏とみなし、安全保障上も死活的に重要な意味をもつこの地域で、中国が着々と戦略的なインフラ・プロジェクトを進めていることに、インドは強い警戒感を抱いている。ここでは、西インド洋のセーシェルやモーリシャスの港湾・空港インフラ、海上警備能力支援のように、インドが単独で進めながらも、受け入れ国側の国内政治の抵抗のために、遅延・頓挫しているプロジェクトへの日本の貢献を期待する声がある。というのも、この地域における日本のプレゼンスはインドあるいは中国、そして欧米と違って総じて低く、だからこそ脅威とはみなされていないからである(38)。

インドの直接・拡大近隣における現状維持・回復に、非軍事的な手法で日本が貢献できる余地は政治・外交面にも存在する。日本とインドは、航行の自由をはじめとする「自由で開かれた」秩序の重要性を二国間、さらには米豪などを含む多国間で再三再四訴えてきた。これにくわえ、ミャンマー、ネパール、バングラデシュ、スリランカ、モルディブ、パキスタン、アフガニスタン、イランなど、インド周辺に多い政情の不透明な国の安定化と民主化支援での協力の可能性である。これまでにみたように、インドはその脆弱な国民国家、また弱い連邦政府としての国内的制約、さらには稚拙な政策と中国の攻勢により、これら域内諸国との関係を依然としてうまく構築できていない。しかしその安定化や民主化が、多様性を抱えた国民国家と域内におけるインドの優位性の維持には必要となる。この点で、この地域のいずれの国とも友好的な関係を維持してきた日本には、民生支援や市民社会の構築、次世代リーダーの交流支援などをいっそう拡大強化することが期待されているのである。

（1）戦闘により、インドのＭｉＧ－21戦闘機（旧ソ連製）が撃墜され、パイロットが一時パキスタン側に拘束された。パキスタンはＦ－16戦闘機（アメリカ製）を使ったとみられている。

（2）正確には当時のジャンムー・カシミール州では、「首相（Prime Minister）」という呼称が使われていた。インドの他州と同じ「州首相（Chief Minister）」となったのは、一九六五年の州憲法改正以降である。

（3）ラダックはインド側カシミール全体の面積の六〇％近くを占めるものの、人口は三〇万人足らずにとどまり、ジャンムー・カシミール州全体の二％にも及ばないため、州政治において周縁化されてきた。仏教徒が半数近くを占め、ジャンムー・カシミール藩王国に併合される前には、ラダック王国として独自の文化・制度を維持してきた。こうしたことから、ラダックでは連邦直轄領化を求める声があった。

（4）国連安保理は印パ双方に撤退を求め、カシミールの帰属に関しては「住民投票」で決めるべきだという決議を行った。すでにカシミール藩王がインド帰属文書に署名し、パキスタンの侵略は自明だとみなしていたネルーにとっては、大きな誤算だった。

（5）アショク・パルタサラティ（Ashok Parthasarathi）が二〇一八年に出版した書籍 *G.P.: 1912-1995*, Academic Foundation に関する以下の抜粋記事を参照（https://theprint.in/defence/book-reveals-indira-gandhi-pak-occupied-kashmir-1971-war/44399/）。

（6）二〇〇一年七月一五日付で掲載されたインターネット記事（https://www.rediff.com/news/2001/jul/15spec.

htm)。
(7) しかし当初から、秘密合意としてブットーは国境化に合意したといわれてきた[堀本 1993: 110-111]。
(8) ムシャラフの主張によれば、米同時多発テロ事件直後にアーミテージからは、アメリカに協力しなければパキスタンを「石器時代に戻す」と脅迫されたという[Musharraf 2006: 201]。真偽は定かでないが、パキスタンがタリバーン体制を支えてきたのは周知の事実であり、ムシャラフにとってアメリカに逆らうなどという選択肢はありえなかったと推測される。
(9) 以来、軍内部では、「コールドスタート・ドクトリン」と称する迅速な限定戦争を模索する動きが生じた[Ahmed 2014]。
(10) もちろん、パキスタンとの和平を妨害する勢力はインド国内にもいる。たとえば二〇〇七年に印パを結ぶサムジョータ急行が爆破された事件などには、ヒンドゥー・ナショナリスト勢力が関与した可能性も指摘された。
(11) インド国内では越境テロをいかに防ぐかに焦点があてられることが多いが、管理ラインでの停戦違反行為も、印パ間の緊張のエスカレートに寄与してきた[Happymon 2019]。
(12) こうした「局部攻撃」が初めてとられたのかどうかは定かではない。国民会議派は従来もこうした作戦は秘密裡にやってきたと主張している。
(13) 本節は伊藤[2013: 90-110]ならびにIto[2015: 137-151]をもとに、大幅に加筆修正したものである。
(14) 左翼の閣外協力撤回とともに二〇〇八年七月に行われた連邦下院での信任投票では、相当大規模な買収工作が行われたと当初から指摘されてきた。ウィキリークスにより漏洩した当時の在印米代理大使の公電は、国民会議派関係者が五億~六億ルピーの買収資金を用意したと米大使館側に伝えたことを明かしている(https://www.thehindu.com/news/the-india-cables/the-cables/162458-Cash-for-votes-ahead-of-confidence-motion/article14962596.ece)。買収のほか、目前に迫った総選挙を睨んだ各党間の駆け引きが活発に繰り広げられた。とくにインド最大州のウッタル・プラデーシュ州では、州政権を握る大衆社会党(BSP)に対抗する社会主義党(SP)が国民会議派に接近し、シン政権への信任表明を行ったことが大きな意味をもった。それでも造反を表明する与党議員や最後まで態度を明らかにしない小政党、無所属議員もいたため、結果が危ぶまれていた。
(15) 二〇一三年末にはニューヨークの総領事館駐在のインド人外交官が、家政婦の査証申請書に虚偽の記載をしたとして米当局に逮捕されるという事件が起きた。インド側はこれに強く反発し、関係が冷え込んだ。
(16) 二〇一九年七月、初訪米したパキスタンのイムラン・カーン首相との会談後の共同会見で、トランプ大統領は、「私が仲介者になってもいい」と述べ、モディ首相からも六月末のG20大阪サミットで会談した際、「仲介を依頼された」と明かした。インド側はそのような事実はないと否定したが、その後もトランプ大統領は同様の発言をつづけた。
(17) 当時のフェルナンデス国防相は、核実験前から中国が「第一の敵国」だとの発言を繰り返し、ヴァジペーイ首相は、実験後にクリントン米大統領に宛てた書簡のなかで、一九六二年に軍事的侵略を働き、インドの別の隣国が「非公然の核兵器国」になるのを助けた「公然の核兵器国」という表現で中国の脅威をインド核保有の理由として挙げた(https://nuclearweaponarchive.org/India/VajpayeeLetter.txt)。
(18) 二〇〇〇年四月からの各国の対印直接投資を累計したインド商工省の統計によると、中国の投資額は二〇一四年四月までの段階では四億ドルあまりにすぎなかったが、二〇一九年三月には二二億ドル超にまで達した(https://dipp.gov.in/publications/fdi-statistics/archives)。
(19) たとえば、インドにテロを繰り返すジャイシュ・エ・ムハンマド(JeM)の創設者アズハルを国連安保理決議一二六七にもとづく、対タリバーン・アルカーイダの制裁対象者に加えるようインドは求めてきたが、パキスタンを擁護する中国がこれに難色を示してきた。
(20)「安保理」という言葉は二〇〇八年のマンモーハン・シン首相訪中時の首脳会談で初登場した。その意味で、中国の態度も少しは軟化しつつあるという見方もある。
(21) 二〇一六年七月に発表された上海の復星国際グループによるインド大手製薬会社グランド・ファーマの買収計画は、インド国内で大きな懸念を呼び、モディ政権は認可を先送りしつづけた。その結果、政府の認可を要しない七四%の取得比率まで同グループのもつ株式は引き下げられた。中国からの投資を歓迎する意向を示したモディ政権の内部からも、その過剰な投資に対する懸念が浮上した。
(22) 二〇一五年一二月、日中などが受注を競っていたムンバイ－アーメダバード間の高速鉄道計画について、日本の新幹線システム採用が発表されたが、インドは日本から利率が〇・一%、償還期間が五〇年という好条件を引き出している。

(23) 初回は二〇一八年四月に習近平が武漢にモディを、二回目は二〇一九年一〇月にモディが習近平をチェンナイに招くかたちで行われた。

(24) ストックホルム国際平和研究所(SIPRI)年鑑のデータベースによれば、ロシアの兵器輸出先は二〇〇七年以降、インドが一位を維持しつづけた。二〇一八年にふたたび中国に首位の座を譲ったものの、翌年には復帰している。ただしインドのロシアからの輸入額は二〇一三年を頂点として減少に転じている。

(25) たとえば二〇一五年一二月に訪ロしたモディ首相は、ロシアの高性能軍用ヘリであるカモフ226Tを二〇〇機、インド国内の合弁会社で共同生産することで合意したと発表した。インド国内では、兵器における「メイク・イン・インディア」だと高く評価された。

(26) 二〇一八年一二月、筆者がモスクワで行った戦略関係者へのインタビューにもとづく。

(27) いずれもインド商工省のウェブサイトにもとづく(https://commerce-app.gov.in/eidb/iecntopnq.asp ならびに https://dipp.gov.in/publications/fdi-statistics)。

(28) 問題領域別にインドと各国との関係性を位置づけるという着想は、広瀬崇子氏からご教示いただいた。筆者は、二〇一一年度アジア政経学会東日本大会における「共通論題1 インド大国化のインパクト——アジアにおける国際関係の新展開」(獨協大学)で「グローバル化するインド外交——『世界大国』を目指して」と題し、アメリカ、中国、AEASNとインドの関係を問題領域ごとに報告した。本項は、それをもとにしつつ、取り扱う問題領域を選定し直し、ロシアを加えて整理し直したものである。貴重なコメントをいただいた広瀬、高木誠一郎両氏にはとくに感謝申し上げる。各領域の評価は、FNSR Group of Experts [2011] や Gupta and Azad [2011] などインドの研究グループの報告書にくわえ、現地新聞や雑誌の論調、また筆者による多くの研究者や政府関係者との懇談から構成されたものである。

(29) 二〇一〇年のインド連邦議会で可決・成立した原子力損害賠償責任法には、原発事故が発生した際に、原子炉メーカーにも一定の責任を負わせる文言が含まれているが、アメリカ側は国際基準に反するとして懸念を示した。

(30) グローバル・スイング国家に関する米独研究者へのインタビュー記事を参照(https://www.nbr.org/publication/india-as-a-global-swing-state-a-new-framework-for-u-s-engagement-with-india/)。

(31) ネルーは一九四七年三~四月、暫定政府首相として、ニューデリーで「アジア関係会議」を主宰した。日本からの参加も要請したものの、連合軍総司令部に阻まれたという［Ubaidulloev 2011: 21-22］。
（32）佐藤宏は、ネルーがインドの日本資産返還に否定的だった商工省の反対を押し切り、自らの平和外交に対する日本の支持を得るために、日本側の要請に応じてすべての請求権を放棄したとしている［Sato 2005: 1-20］。
（33）ルック・イースト政策という用語がインド外務省の年次報告書に登場するのは、一九九五～九六年版（一九九六年四月発刊）からである。
（34）以来、両国首脳同士の毎年の相互訪問体制が確立した。二〇〇五年以降、相互訪問が途切れたのは、二〇一二年と二〇一九年のみである。二〇一二年末に予定されていたマンモーハン・シン首相の訪日は、野田佳彦首相が解散・総選挙を決断したために、また二〇一九年末の安倍晋三首相の訪印は、モディ政権による市民権法改正に伴う抗議活動で治安が悪化したために、それぞれ先送りされた。
（35）溜［2017: 223］は、日印原子力協定の締結に時間がかかったのは、「日本がアメリカの要求に黙従しているだけではない」証左だとしている。
（36）それでも平松賢司駐インド大使は、現地紙のインタビューで同構想についてインド、イラン両政府と協議しているとして、日本の「関心」を表明した（*The Hindu*, May 8 2017）。
（37）二〇一五年一月に日印外相間戦略対話のため訪印した岸田文雄外相は、インド世界問題評議会（ＩＣＷＡ）での講演後の質疑応答でアルナーチャル・プラデーシュ州に援助や投資を行う可能性について問われた。このとき岸田外相は当面そのような計画はないとしながらも、同州を「インドの領土」と発言し、中国側からの抗議を受けて釈明に追われた。
（38）二〇一八年八月と一〇月に筆者が行ったセーシェルとモーリシャスでの現地聞き取り調査にもとづく。インドや中国の「野心」への強い警戒感とは対照的に、日本の積極的な貢献を求める声は多かった。

おわりに――モディはインド外交を変えたのか？

二〇一四年五月、インドに生まれた新政権を世界は懸念と期待をもってみつめた。なにしろ首相に就任したモディという人物は、チャイ売りの少年から身を起こし、グジャラート州で活躍して州首相を一三年近く務めたものの、それまで国政での経験はゼロであった。にもかかわらず、その名は驚くほど海外でも知られていた。それはなぜか。もちろん、同州に外資を積極的に誘致し経済成長をもたらしたという評判も、経済界を中心に広がってはいた。しかしそれにも増してモディの名を世界に広めたのは、多くのムスリムが犠牲になったとされる二〇〇二年のグジャラート暴動であった。彼は州首相として、虐殺事件に関与したのではないか、少なくとも州首相としてとるべき行動をとらなかったのではないか、そして政治目的のためにヒンドゥー・ナショナリズムを煽り、利用したのではないか、という疑いがかけられてきた。そうしたことから、ブッシュJr.政権下のアメリカは二〇〇五年、モディへの査証発給を拒絶したほどである。

そういう人物が、特例的に民生用原子力協力の協定まで締結し、アメリカのインド太平洋戦略のパートナーとして位置づけられるほどの新興大国の最高指導者になったのである。総選挙の結果を受けて、米『ニューヨーク・タイムズ』紙社説は、「モディは経済改革と雇用創出を最優先すると主張してきたプラグマティックなビジネス志向のリーダーになるのか、もしくはおおむねセキュラーだった国家に宗教的アジェンダを課す、声高なヒンドゥー・ナショナリストになるのか」が重要な問題になってくると論じた（*New York Times*, May 16 2014）。また、日本の『読売新聞』社説も、「気がかりなのは、モディ氏にヒンズー至上主義者の一面があること」としつつ、「力で現状を変更しようとする中国を牽制する上でも、インドの役割は極めて重要だ」と対中安全保障の見地から、日印関係強化への期待感を示した（『読売新聞』二〇一四年五月一九日朝刊）。これに対し、州首相時代のモディを四度も受け入れたことのある中国はどのようにみていたか。中国共産党の英字紙『グローバル・タイムズ』は、モディが選挙期間中に中国との国境問題で強硬な姿勢を示したことに言及したうえで、西側のメディアはモディを「インドの安倍」のようにとらえたがっているが、彼が経済的利益にならないことをするわけはなく、中国との関係改善を進める「インドのニクソン」になるはずだとの専門家の論考を掲載した［Liu 2014］。ヒンドゥー・ナショナリズムに警戒する一方で経済改革や対中牽制が進むことに期待した日本やアメリカに対し、中国封じ込めの危惧を抱きつつも、首相になれば経済的実利を優先して融和姿勢に転じてくれることを望んでいた中国の姿が、ここから窺えよう。

はたして実際はどうだったのか。最初にみえてきたのは、インドから失われつつある域内の影響力を取り戻そうとする動きであった。総選挙の結果発表から一〇日後の五月二六日に行われたモディの首相就任式典は、異例ずくめの内容だった。従来は大統領官邸内で国内向けに実施されてきた式典を、モディは四〇〇〇人ものゲストを招いて屋外で大規模に開くことにしたのである。しかも、近隣の南アジア首脳に招待状を出し、その臨席を求めた。突然の要請にもかかわらず、結果的に、バングラデシュを除く[1]すべての南アジア地域協力連合(SAARC)首脳(パキスタン、ネパール、ブータン、スリランカ、モルディブ、アフガニスタン)、ならびにモーリシャスの首脳が顔を揃えた。[2]就任式典の機会を利用して各国首脳との個別の二国間会談も相次いで行われた。この前例のない演出は、近年中国の影響力が拡大しつつあるとされる域内でインドの影響力の現状維持・回復を図る意思表示であった。もちろんそれだけであれば、地域の「大国」として威信を誇示するパフォーマンスにとどまっていたかもしれない。しかしモディはこれ以降、第一期政権の五年間のうちに、これら近隣国すべてに直接自ら足を運んだのである。[3]これらの訪問の多くで強調されたのは、電力やインフラに関する協力・支援であった。これは近隣国から、モディが自らの掲げる「近隣第一政策」を真に実行しようとしているものと好意的に受け止められた。

中国に警戒感を抱く「インド太平洋」主唱国への接近も顕著だった。モディは首相に就任してからわずか半年のうちに、日本とアメリカだけでなく、インドの首相としては二八年ぶりにオーストラリア訪問も果たした。そしてこれらの訪問のいずれにおいても、「メイク・イン・インディア」を訴え、原子力を軸としたエネルギー協力や安全保障協力の強化を約束するなど、当初の期待通りのプラグマティックな外交を展開した。しかもそれは中国に対しても行われた。二〇一四年九月、訪日から帰国したモディは地元のグジャラート州のアーメダバードで習近平国家主席を歓待し、インフラも含む投資受け入れに合意している。その後、アジアインフラ投資銀行（ＡＩＩＢ）にも参加することを決め、二国間でも多国間でも経済協力を拡大していく。他方で、「歓待」後に行われた最初の首脳会談では、ラダックの印中実効支配線（ＬＡＣ）における中国側の「侵入問題」を長時間にわたって取り上げ、未画定の国境地域の平和と安定化が協力進展には不可欠だと釘を刺し、習主席が旗を振る「一帯一路」への関与も拒否した。

モディ政権のこうした思い切った外交政策は、首相府主導のトップダウンで行われてきた。外交経験のないモディは、自身とプラグマティックな世界観を共有するプロフェッショナルな人材を側近に起用した。国家安全保障顧問に指名した情報局（ＩＢ）出身のドヴァルと、前任者の任期を縮めてまで外務次官に抜擢したジャイシャンカール（第二期政権では外相）である。重要政策は彼らを中心に形成・遂行されるようになった。それを可能にしたのが、近年では稀にみる強い政権基盤であった。二〇一四年の連邦下院総選挙はインド人民党として過去最高の議席数となっただけでなく、三〇年ぶりに単一政党が過半数を獲得するという歴史的結果となった。総選挙では、ヒンドゥー・ナショナリストであるのと同時にビジネスマンでもあるというモディのもつ二つの顔のうち、前者は抑制され、国民はグジャラート州での経済的成功をインド全土にもたらしてくれることを信じた。この大勝利を導いたモディの力が党内外で絶大なものとなったのは、当然である。

インドが「普通の国」として振る舞うことで「世界大国化」を図るべきだと主張してきた代表的戦略家のラージャ・モハンは、政権発足から一年後に出版した著書において、モディへの期待感を隠さなかった。「非同盟」のような古い理念にこだわらず、強い力を与えられたモディには、新自由主義的なプラグマティストとして外交政策を展開できる余地が大いにあるとみなしたのである。しかしモハンはこのとき、「インドの対外関係を変容させるために決定的に重要なのは、国内において必要な構造変化をもたらす能力」があるかどうか、すなわち経済改革を断行し、ヒンドゥー過激主義を抑制できるかどうかにかかっていると、注文をつけた［Mohan 2015b: 15-16］。

結果的にみると、第一期モディ政権は、その前提条件を満たすことができなかった。連邦上院では過半数を欠く状態がつづき、外資を呼び込むための鍵とみられた労働関連法と土地収用法の改正を実現することはできなかった。「メイク・イン・インディア」政策は看板倒れとなり、雇用や所得が低迷するなか、これまでは抑えられていたヒンドゥー主義者としての顔が前面に出るようになる。二〇一九年二月のパキスタンとの交戦はそのあらわれであった。テロに対する「空爆」は国民の喝采を呼んだ。直後に行われた総選挙は、イスラームのテロに断固立ち向かう「チョキダール（門番）」として、強い指導者像を演じたモディ首相の戦略が功を奏した。それまで広がっていた経済失政への批判は吹き飛ぶ。結局、インド人民党は二〇一九年の総選挙で前回をさらに上回る議席を獲得し、モディは二〇二四年までこの国を導く権利を勝ち取った。

ホールは、ヒンドゥー・ナショナリズムのイデオロギーに立脚したモディの外交は、じつは第一期政権発足当初から存在していたと指摘する［Hall 2019: 10］。たしかにヨーガを世界に普及する政策や、在外インド人への働きかけなど、ヒンドゥーの価値を盛り込んだ外交政策は最初からみられたし、こうしたものをソフトパワーとして使う必要があるという主張は二〇一四年総選挙の際のインド人民党マニフェストにも盛り込まれていた［BJP 2014: 40］。しかしパキスタンを除く近隣国と日米豪への接近や中国への関与策をヒンドゥー・ナショナリズムの観点から説明することには無理がある。そこにはやはり、域内におけるインド優位の現状を維持・回復し、域外においてはインドの地位向上とそれに適したルール・秩序を追求するプラグマティズムが貫徹していたとみるべきだろう。ヒンドゥー・ナショナリズムのイデオロギーを外交政策に取り込もうとしたのは事実だとしても、モディ政権が国益優先のプラグマティズム、「アルタ的現実主義《リアリズム》」を放棄したということにはなるまい。その意味では、ガングリーも指摘するように、モディの外交政策は「インドのこれまでの政策との根本的な断絶を構成するものではない」［Ganguly 2017: 140］のである。

では、モディのヒンドゥー・ナショナリズムは、ソフトパワー以外の点では、その外交政策に影響を及ぼさなかったのか。そうではない。民族奉仕団（ＲＳＳ）やインド人民党をはじめとするヒンドゥー団体、通称「サング・パリワール」は、ヒンドゥー国家の建設を目指してきたとされる。それはネルーとは対照的に、本来多様な集団から構成されたインドという国民国家を、ヒンドゥーの価値を中心に再編することを企図する。すなわち、本書で論じてきたことに照らせば、均質な国民国家を創造することでサング・パリワールの感じるインドの脆弱性を克服しようとするプロジェクトとして位置づけられよう。

とくに、ナショナリズムの喚起により大勝利を収めて発足した第二期モディ政権においては、彼らの描く理念型としてのヒンドゥー国家の建設が何よりも優先されることになった。グジャラート州首相時代からモディを支えつづけてきたアミット・シャーを内相に据えた第二期政権は、そのプロジェクトを着々と実行に移した。まずジャンムー・カシミール州については、自治権に関する憲法上の特別規定を停止・廃止し、二分割して連邦直轄領とすることで、制度上、完全にインド連邦に統合した。さらには、市民権法を改正して、パキスタン、バングラデシュ、アフガニスタンで「宗教的迫害」を受けてインドに入国した者、すなわちムスリム以外の移民に対して、インドの市民権を付与することにした。これは裏返せば、ムスリムの「違法移民」は追い出すということになる。そしてまっとうな「インド市民」と区別するために、「全国市民登録」を開始することとした。

これらの施策がカシミールだけでなく、ムスリム社会の強い反発を招いたことはいうまでもない。モディ政権は反対派の政治家や活動家らを拘束し、情報通信を遮断し、抗議活動を力で排除することで封じ込めを図った。しかしそれがうまくいく保証はどこにもない。

しかしここで重要なのは、第二期モディ政権がはじめた彼らの「国民国家」プロジェクトが、モディ政権のみならず、二一世紀の歴代政権が目指してきた「世界大国化」プロジェクトを阻害しはじめたという点である。カシミールや市民権法をめぐる決定とそれへの抗議の弾圧は、国内のみならず、国外からも強い批判を招いた。

パキスタンのカーン首相は、モディ政権とＲＳＳをナチスになぞらえ、「ヒンドゥー至上主義アジェンダ」などと強く非難した。そのうえで、あらゆる機会をとらえてカシミール問題を国際社会の場で提起すると宣言した。実際、パキスタンと中国の連携によって、国連安保理では「非公式会合」ではあったものの、カシミール問題が第三次印パ戦争以来、四八年ぶりに取り扱われた。これは「二国間主義」を主張してきたインドにとって、好ましいことではないだろう。

パキスタンだけではない。とくに市民権法改正について名指しされたバングラデシュのハシナ政権とアフガニスタンのガニ政権は、それぞれの国内で「宗教的迫害」があったというモディ政権の主張に強く抗議した。マレーシアやトルコ、またイランのような拡大近隣の国々も、二国間、あるいは国連のような場で、首脳や主要閣僚らが公然とインドを批判した。二〇二〇年に入ると、モディ政権はヒンドゥー教やチベット仏教などの聖地であるカイラス山とマーナサローワル湖へのアクセスのために、ネパールが領有権を主張するリプレク峠に道路を一方的に建設し、ネパールとの関係も悪化した（*The Hindu*, May 10 2020）(4)。

アメリカでは、政府機関の「国際宗教自由委員会」が二〇二〇年の報告書において、アミット・シャーを名指しして批判し、インドを北朝鮮、イラン、シリア、パキスタン、中国、ロシアなどとともに、「とくに懸念される国」に指定するよう求めた［USCIRF 2020］。従来インドを擁護し、対インド関係重視論を展開してきた「インド・コーカス（議員団）」の重鎮やインド系議員も、カシミール問題や市民権法改正をめぐって批判の声を上げた。

「近隣第一政策」とともに、米国のパワーを利用することで域内の現状維持・回復を図り、同時に台頭する「世界最大の民主主義国」として世界における地位を向上させるという政策目標は、置き去りにされてしまった。国内政治上の計算を優先させたがための「オウン・ゴール」であるかもしれないが、その代償は大きい［Happymon 2019］。

二〇一九年一一月の東アジア地域包括的経済連携（RCEP）交渉からの離脱表明も、この文脈のなかでとらえられよう。インドは日本や韓国、ASEANなどとはすでに個別の経済連携協定があり、RCEPは当初から中国との協定に踏み切るか否かの問題としてインドでは認識されていた［Saran 2018］。ナショナリズムが高まるなか、中国製品に飲み込まれる危険性が排除できない協定となることが確実になった交渉から、モディが離脱を選択したのは必然的な決断だった。RCEPに加わって、日本やオーストラリアと協力して中国を域内において牽制するという野心的な動機は後方に追いやられてしまった。

これらは、ヒンドゥー・ナショナリズムを基盤とする政権の限界といえるかもしれない。党内でも筋金入りのヒンドゥー・ナショナリストとして認められ、頭角をあらわしてきたモディという政治家にとって、「ヒンドゥーを中心とした強いインド」は、信念であると同時に、権力維持のための手段でもある。裏返せば、それに背くような政策は、自分の信念のみならず、RSSをはじめとするヒンドゥーの支持母体を裏切ることになる。

しかし構造的には、第二期モディ政権が置かれている制約は国内においても国外においても第一期政権時となんら変わっていない。国内においては、たしかにインド人民党が連邦下院の単独過半数をもっており、ただちに不信任案を突きつけられる心配はない。とはいえ上院の過半数には届いておらず、地域政党の主張をまったく無視した政策は強行できない。インド優位の域内を維持・回復することと、域外ではNSGや国連安保理常任理事国入りを果たし、「途上国」に有利な貿易・金融秩序を求めるという方針にも変わりはない。そしてそのためにはどういう国との関係を強化し、利用すべきなのかという構図にも変わりはない。それでも、そうした目標やパートナーとの関係構築に力を注ぐよりも、脆弱な国民国家克服のためのヒンドゥー国家建設プロジェクトが優先されているということなのである。

ヒンドゥー・ナショナリズムへの傾斜と関係なく、モディ政権が純粋に国家戦略上の見地から政策を追求しうるのは、非ムスリム国で、かつ人権や民主主義にも無関心な国との関係だろう。中国やロシアがまさにそれに該当する。域外での秩序・ルールの修正を迫るパートナーであるということにくわえ、米トランプ政権の自国第一主義政策が国際政治上の連携を促している。アメリカがインドの経済と安全保障上の利益を傷つけ、本来共有してきたはずの国内政治上の価値をめぐってすらインドへの攻撃を強めるとすれば、モディ政権にとって中国やロシアというカードはなおさら重要性を帯びる。新型コロナウイルス禍での中国の軍事的攻勢に憤慨しつつも、対話を模索する所以である。

では、日本はどうであろうか。日本もアメリカ同様、「価値の共有」をインドとの連携の基軸だと、ことあるごとに強調してきた。しかし、アメリカやヨーロッパとは対照的に、第二期モディ政権のヒンドゥー・ナショナリズムへの傾斜と人権をめぐる問題に関しては、日本では政府もメディアも驚くほど関心を寄せない。むろん、長期的・大局的には、中国の台頭のなか、「より民主的」な別の新興パワーであり、地政学的にも重要な位置にあるインドとの戦略的パートナーシップを拡大・深化させる意義は、疑うべくもない。そのために、深まる印米の溝を埋めることや、インドが安心して加われるようなRCEPの形成に努めるなど、日本にできることは多い［伊藤 2020: 7-8］。しかしだからといって、ヒンドゥー・ナショナリズムの支配する国家、反対者を力で規制するような権威主義体制の国家を、そのまま特別な戦略的パートナーとして受け入れるならば、「自由で開かれたインド太平洋（FOIP）」の連携は画竜点睛を欠き、有名無実化するにちがいない。中国とは異なる「世界最大の民主主義国」であることを称賛しつつ、人権の見地から率直に懸念を伝えることは、価値を共有する友人であるならば、当然のことであろう。

このように、二〇一九年に発足した第二期モディ政権では、ヒンドゥー・ナショナリズムがより鮮明にはなってきている。しかしその「モディ外交」も、本書で示してきたインド外交の枠組みから逸脱するものではけっしてない。大国志向、自主独立外交、アルタ的現実主義《リアリズム》というネルー以来のDNAを戦略文化として受け継いでいることは、モディとその側近の言説と行動をみれば明らかである。さらに、国民国家としての脆弱性を意識し、その克服を優先させるがゆえに、内政と切り離した純粋なパワー・ゲームを外交面で演じることができないのも同じである。モディ政権下のインドが、政権発足時に国内、また国際社会の一部で期待されていたような「普通の国」として振る舞っているとは、とうていいいえないだろう。

結局のところ、もしインドが「普通の国」になるとすれば、そのように行動しても自らのＤＮＡと矛盾しない国際関係のアクターにインドがなったときにかぎられよう。すなわち、国民国家の脆弱性を乗り越えたとの自信の獲得、連邦議会で上下両院ともいずれかの全国政党が単独過半数を握るような強い連邦政府の出現、そして台頭するインドのパワーが米中のそれに匹敵する水準に達して従属への懸念が払拭されること、これらの条件が満たされる必要があろう。しかし、少なくとも予見しうる未来のうちには、その日は到来しそうにない。

（1）バングラデシュのハシナ首相は、訪日日程と重なっていたため欠席したが、国会議長が代理出席した。

（2）このほかに、チベット亡命政府首相も招かれ、中国から抗議を受けた。インドの招待を受けたパキスタン、スリランカは拘束していたインド人漁民を解放することで謝意を示した。

（3）前任のマンモーハン・シン首相が任期中の一〇年間で、二国間会談のために訪問したのは、ブータン、アフガニスタン、バングラデシュの三カ国のみであった。

（4）中国国境にもほど近いリプレク峠の道路建設には、中国との貿易、あるいは安全保障上の思惑もあったと思われるが、モディ政権は巡礼者の便宜のためだと主張した（*The Wire*, May 19 2020〔https://thewire.in/south-asia/nepal-india-lipulekh-china〕）。

あとがき

二〇二〇年という年は、世界秩序の大きな転換点として記憶されることになるかもしれない。当初、中国の武漢で感染者が確認された新型コロナウイルスは、瞬く間に世界中に広がった。インドは国内感染者がまだ五〇〇名ほどの段階で早々に全土ロックダウンを宣言し、ほぼすべての社会経済活動が突如停止された。それでも、そもそも「ソーシャル・ディスタンス」とは無縁のインドでは感染拡大を食い止めることは難しい。わずか二・五㎢に六五万人以上が密集して暮らすようなスラムもある。二カ月あまりのロックダウンはもともと低迷気味のインド経済に深刻な打撃を与えた。出稼ぎ労働者をはじめ多くの貧しいひとびとが職を失い、第二次石油危機以来、四一年ぶりのマイナス成長となることが確実視されている。イスラームの大規模集会でクラスターが発生したと伝えられたことで宗教対立も深刻化するなど、社会の分断も広がっている。

ヒトやモノの活発な移動を前提として成り立つ現代社会で、インドを含め各国が国境を長期にわたって閉じた結果、グローバル化した企業のサプライチェーンは軒並み大混乱に陥った。世界の覇権国アメリカの状況はとくに深刻だ。感染者・死者数とも世界最多となったアメリカでは、大統領選挙を前に世界的危機を乗り越えるための指導力を発揮するどころか、その自国第一主義的な傾向にいっそう拍車がかかっている。そうしたなかで攻勢を強めたのが中国である。トランプ政権が従来からの「貿易戦争」だけでなく、新型コロナウイルスの起源と拡散の責任をめぐって中国を厳しく批判する一方で、習近平政権は香港・台湾、東シナ海、南シナ海で露骨な自己主張や軍事行動をとりつづけ、アメリカに怯まない姿勢を鮮明にしている。もはや米中関係の悪化は不可避であり、「米中新冷戦」のはじまりではないかという見方さえ出ている。

新たな展開は、この状況下で中国の攻勢がインドにも及んでいるということにある。二〇二〇年五月から印中実効支配線（ＬＡＣ）でつづいた軍事的緊張は、六月には四五年ぶりに犠牲者を出す惨事を引き起こした。この衝突事件自体が習近平政権による計画的なものなのか、現場での偶発的なものだったのかはわからない。ただ長期にわたって中国が前線に大部隊を展開してインドによるＬＡＣ付近のインフラ建設と駐留を牽制していたことは事実であり、そのことが北京の指示なしに行われたとは考えにくい。しかしこれまでの常識からすれば、中国が対米関係の悪化しているこの時期に、あえてインドと事を構える動きをみせるというのは理解しがたいところもある。「スイング国家」としてのインドを敵に回せば、中国の国際的孤立は深まるし、インドを西側に追いやり、「中国包囲網」の形成を促しかねないからである。

では、二〇二〇年の中国によるインドへの攻勢はどうとらえたらよいのか。まず、中国の新型コロナウイルスによる自国の経済的損失は他国に比べると軽微なものにとどまるとみられている。かつ中国には、内向きのアメリカとは対照的に、その積極的な「マスク外交」や各国への経済支援をつうじて、いまこそ各国の支持を得られるチャンスだという「自信」が生まれている。しかし他方で、ウイルスを世界に蔓延させた責任を問われかねないという「不安」も抱えており、この自信と不安が攻撃的な姿勢につながっているのではないかとの見方がある。さらにいえば、中国はいまやアメリカや国際社会からの圧力に耐えることができ、四面楚歌の状況にあってもインドに圧力を加えることができるという姿勢をインドやアメリカに伝える狙いではないか、などいった分析がインド国内ではみられる。

インドにとっての難題は、もし自信を深めた中国がインドを対米関係のコマとして必要とせず、国益のためにつねに攻勢をかけることもできると認識しているのだとすれば、インドはどうすべきか、という点である。これについてはインドの議論は分かれている。もちろん、いまこそ「インド太平洋」ないし民主主義陣営との連携強化に舵を切るべきだという主張は強まっている。しかしその一方で、米中どちらの側にもつかず、「戦略的自律性」を大事にすべきだという主張も根強い。インドの死活的利益とかならずしも一致しないアメリカの戦略のなかに、インドが進んで取り込まれるような道を「強いインド」の体現者であるモディ首相が選択するとは思えない。しかしだからといって、「インドは西側の『反中同盟』に加わることはない」と中国に見透かされてしまえば、さらなる攻勢を許しかねない。それゆえインドとしては、「インド太平洋」諸国との蜜月関係を政治的にアピールし、中国のそうした動きを牽制していくことも必要になる。ここでインドにとっては、「飲み込まれる」心配のない日本との関係はますます重要性を帯びるだろう。

しかし、インドが今後も米中間で「スイング国家」として振る舞い、その「戦略的自律性」を維持しつづけるのであれば、まずなによりも新型コロナウイルスの蔓延で傷ついた国力の回復が不可欠であろう。モディ政権がナショナリズムに依存するのではなく、コロナ禍で露呈した国内の社会経済矛盾を克服し、インドをふたたび成長軌道に乗せることができなければ、米中いずれに対する交渉力も低減することは避けられない。日本の戦略にとっても、弱体化したインドは望ましくない。地政学的な変動のなかで、コロナ危機をどう乗り越えるかは、インドの今後の外交と日印関係を占ううえで大きな意味をもつだろう。

わたくしは、国際政治学をディシプリンとしながら、地域としてはインドを中心とした南アジアをフィールドとした研究を四半世紀つづけてきた。一貫して念頭に置いてきたのは、「南アジア地域に根ざした国際政治学とはなにか」という問いである。二一世紀のパワー・トランジションの進む世界において、とくに中国がどのように国際政治をとらえ、行動しているのかは盛んに論じられてきた。ところがアジアのもう一つの新興大国として、各国の対中戦略の見地からも注目されるインドに関しては、同様の知見は学界においても実務においてもきわめて乏しい。そこで本書では、「重要だが理解できない国」とされてきたインドの外交をどうとらえたらよいのか、その見取り図を描こうと考えた。とくに、ネルーからモディに至るインドの外交政策に通底する原理を、国際関係、またインドという国に関心をもっている学生やビジネスパーソンの方々に広く理解いただけるよう、できるかぎりわかりやすく、丁寧に記述するように心がけた。

執筆の大半は、これまでわたくしが学会誌や紀要等で発表してきた個別の論文を下敷きとしている。しかしあらためて過去の論文を読み返してみると、若いころの自身の観察と分析の誤認や甘さに気づかされた。そのため実際にはその多くを書き改め、新たに執筆することとなった。

振り返ってみると、ここに至るまでにはじつに多くの方々のお世話になった。まず、学部と大学院の指導教員として国際政治学という学問のみならず、研究者としての生き方を教わったのは故高柳先男先生である。南アジアのリアリズムを模索しようという発想は、ヨーロッパを研究対象としてリアリズムを論じられていた高柳先生の研究を原点としている。その高柳先生が急逝され、大学院を出て定職もないわたくしを、本格的に南アジア研究の世界に導いてくださったのは、広瀬崇子先生と堀本武功先生である。二〇〇一年に飛び込みで参加した南アジア研究集会（合宿）で、初対面にもかかわらず深夜まで研究やキャリアの相談に乗ってくださった。以来、両先生にはインドやパキスタン、イギリスほか世界各地にご一緒させていただき、インタビューをはじめとした現地調査のイロハを学んだ。二〇〇二年からの二年間、在インド日本国大使館で勤務したことは、現地の肌感覚と人脈の形成という点で大きな財産となっている。その後もすべての方々のお名前を挙げられないが、吉田修先生、近藤則夫先生には科研等のプロジェクトでとくにお世話になっている。さらに同年代、後輩に当たる世代の皆さんとの研究会等での率直な意見交換からも大きな刺激を受けてきた。完全に自由な研究環境を提供していただいている現在の職場、防衛大学校と諸先生方にはあらためて感謝申し上げる。

執筆・校正作業の仕上げは、まさにコロナ禍のなかで進められた。しかし海外どころか自宅からも出られない不自由さは、執筆にはかえってプラスだったかもしれない。予定よりも早く提出した草稿を丁寧にチェックし、一般読者の見地から細かなコメントを入れてくださったのは、慶應義塾大学出版会の乗みどり氏である。本書を企画していただいたばかりか、「在宅勤務」期間中にもかかわらずたびたび出社して編集作業を進めてくださった。

最後に、三〇代半ばを過ぎるまで非常勤とアルバイトで生活していた長男を遠くからあたたかくみつめ、好きなことをつづけさせてくれた両親に感謝したい。そして長い「在宅勤務」と「休校」のあいだ、土日も含めて毎日、朝から机に向かう環境をつくってくれたのは妻子である。分野は違うが同じく研究者である妻は仕事の大変さを理解してくれ、子どもたちは勉強でも遊びでも互いに助け合い親を煩わせようとはしなかった。

多くの方々に支えられて出版に至った本書が、日本におけるインド理解に少しでも貢献できたとすれば、望外の喜びである。

二〇二〇年七月

伊藤　融

初出一覧

「インド外交のリアリズム」『国際政治』一三六（二〇〇四年）、六二―七八頁

「冷戦後インドの対大国外交――『戦略的パートナーシップ』関係の比較考察」岩下明裕編著『ユーラシア国際秩序の再編』ミネルヴァ書房、二〇一三年

「覇権なき地域大国としてのインド」長崎暢子・堀本武功・近藤則夫編『現代インド3　深化するデモクラシー』東京大学出版会、二〇一五年

「アルタシャーストラのリアリズム――インド国際政治観の源流」『防衛大学校紀要（社会科学分冊）』一一〇（二〇一五年）、一〇三―一一九頁。

＊以上を元に、大幅に加筆修正した。

索　引

〈人　名〉

ハ行

ナ行

マ行

ラ行

〈事　項〉

サ行

タ行

ナ行

ハ行

マ行

ラ行

〈参照文献一覧〉

伊豆山真理 [2017]「戦略的パートナーシップの形成と拡大」堀本武功編『現代日印関係入門』東京大学出版会。

——— [2019]「インドの国際関係研究・外交政策研究の理論化——意識的ディシプリン化」堀本武功・三輪博樹編『モディ政権とこれからのインド』調査研究報告書、アジア経済研究所。

伊藤融 [2003]「イラク危機と印パの同床異夢」『海外事情』51(5)。

——— [2004a]「インド外交のリアリズム」『国際政治』136。

——— [2004b]「地域紛争とグローバル・ガバナンス——2002年印パ危機と国際社会の対応」内田孟男・川原彰編『グローバル・ガバナンスの理論と政策』中央大学出版部。

——— [2005]「グローバリゼーション下の言説をめぐる戦い——カシミール問題と印パ対立」滝田賢治編『グローバル化とアジアの現実』中央大学出版部。

——— [2007]「『カシミール』をめぐるアイデンティティと安全保障観の変容」『国際安全保障』35(2)。

——— [2012]「インドの『世界大国化』と対パキスタン関係」近藤則夫編『現代インドの国際関係——メジャー・パワーへの模索』アジア経済研究所。

——— [2013]「冷戦後インドの対大国外交——『戦略的パートナーシップ』関係の比較考察」岩下明裕編『ユーラシア国際秩序の再編』ミネルヴァ書房。

——— [2015a]「アルタシャーストラのリアリズム——インド国際政治観の源流」『防衛大学校紀要（社会科学分冊）』110。

——— [2015b]「覇権なき地域大国としてのインド」長崎暢子・堀本武功・近藤則夫編『現代インド3　深化するデモクラシー』東京大学出版会。

——— [2015c]「インドにおける政権交代と近隣政策の新展開」『国際安全保障』43(1)。

——— [2017]「インド外交における日本の周縁化」堀本武功編『現代日印関係入門』東京大学出版会。

——— [2020]「日印安全保障協力の展開と課題」『現代インド・フォーラム』44。
上田知亮 [2015]「中央―州関係――州政治の脱中心化と連立政治の不安定化」長崎暢子・堀本武功・近藤則夫編『現代インド3　深化するデモクラシー』東京大学出版会。
上村勝彦訳 [1984]『カウティリヤ実利論――古代インドの帝王学（上）（下）』岩波書店。
外務省 [2016a]「原子力の平和的利用における協力のための日本国政府とインド共和国政府との間の協定」11月11日 (https://www.mofa.go.jp/mofaj/files/000241569.pdf)。
——— [2016b]「見解及び了解に関する公文」11月11日 (https://www.mofa.go.jp/mofaj/files/000241574.pdf)。
——— [2016c]「日印共同声明」11月11日 (https://www.mofa.go.jp/mofaj/files/000203259.pdf)。
——— [2018a]「日米豪印協議」11月15日 (https://www.mofa.go.jp/mofaj/press/release/press1_000293.html)。
——— [2018b]「インド太平洋（アフリカを含む）における日印開発協力」10月29日 (https://www.mofa.go.jp/mofaj/files/000415829.pdf)。
清田智子 [2010]「インド軍の戦略と通常戦力」西原正・堀本武功編『軍事大国化するインド』亜紀書房。
近藤則夫 [2015]『現代インド政治――多様性の中の民主主義』名古屋大学出版会。
櫻井よしこ・国家基本問題研究所編 [2012]『日本とインド　いま結ばれる民主主義国家――中国「封じ込め」は可能か』文藝春秋。
佐藤宏 [2012]「日本における『東アジア共同体』論とインド認識」近藤則夫編『現代インドの国際関係――メジャー・パワーへの模索』アジア経済研究所。
竹中千春 [2018]『ガンディー――平和を紡ぐ人』岩波書店。
溜和敏 [2017]「核開発をめぐる対立から協力への転回」堀本武功編『現代日印関係入門』東京大学出版会。
——— [2020]「インドの複層的秩序認識と対外戦略」佐橋亮編『冷戦後の東アジア秩序――秩序形成をめぐる各国の構想』勁草書房。
鶴岡路人 [2018]「岐路に立つ米欧関係と欧州『自律性』の模索」『外交』

49。

中溝和弥 [2012]「インドにおける民主主義と経済政策の展開」堀本武功・三輪博樹編『現代南アジアの政治』放送大学教育振興会。

広瀬崇子 [1981]「中印国境紛争をめぐるネルー外交の論理――1950年代インド非同盟外交に関する一考察」『アジア経済』22(2)。

―――― [2006]「インド民主主義と選挙」広瀬崇子・南埜猛・井上恭子編『インド民主主義の変容』明石書店。

堀本武功 [1993]「南アジアの地域紛争――1970年代以降のカシミール問題」『南アジア研究』5。

―――― [1997]『インド現代政治史――独立後半世紀の展望』刀水書房。

―――― [2006]「国際政治における南アジア――インド外交と印米関係」『アジア研究』52(2)。

―――― [2009]「変化するインド外交――大国外交を進めるのか」『現代インド・フォーラム』1。

―――― [2015a]『インド　第三の大国へ――〈戦略的自律〉外交の追求』岩波書店。

―――― [2015b]「現代インド外交は何を目指すのか」長崎暢子・堀本武功・近藤則夫編『現代インド3　深化するデモクラシー』東京大学出版会。

村山真弓 [2012a]「南アジア東部地域の動き――インド北東地域・バングラデシュ・ネパール・ブータン」堀本武功・三輪博樹編『現代南アジアの政治』放送大学教育振興会。

―――― [2012b]「インドにとっての近隣外交――対バングラデシュ関係を事例として」近藤則夫編『現代インドの国際関係――メジャー・パワーへの模索』アジア経済研究所。

森利一 [1981]「古代インドの『国際関係』概説」『国際政治』69。

吉田修 [2001]「インディラ・ガンディー政権の自立化戦略と印ソ緊密化の背景」『国際政治』127。

―――― [2006]「米印核協力と核不拡散の課題」『国際問題』554。

―――― [2010]「インドの対中関係と国境問題」『境界研究』1。

Abhyankar, Rajendra M. [2018] *Indian Diplomacy: Beyond Strategic Autonomy*, Oxford University Press.

Acharya, Amitav and Barry Buzan [2007] "Why Is There No Non-Western International Relations Theory? : An Introduction," *International Relations of the Asia-Pacific*, 7.

——— [2010] "Conclusion: On the Possibility of a Non-Western International Relations Theory," in Amitav Acharya and Barry Buzan eds., *Non-Western International Relations Theory: Perspectives on and beyond Asia,* Routledge.

——— [2017] "Why Is There No Non-Western International Relations Theory? : Ten Years On," *International Relations of the Asia-Pacific,* 17.

Ahmed, Ali [2014] *India's Doctrine Puzzle: Limiting War in South Asia,* Routledge.

Ahmed, Samina [2005] "Nuclear Weapons and the Kargil Crisis: How and What Have Pakistanis Learned?" in Lowell Dittmer ed., South Asia's Nuclear Security Dilemma: India, Pakistan, and China, M.E. Sharpe.

Alejandro, Audrey [2017] "International Relations and Foreign Policy in India: Policy-Oriented Works between Discipline and State," in Mischa Hansel et al. eds., *Theorizing Indian Foreign Policy,* Routledge.

Appadorai, A. [1981] *The Domestic Roots of India's Foreign Policy 1947-1972,* Oxford University Press.

Ayres, Alyssa [2019] "Trump's South Asia Policy," *Seminar*, 715.

Bajpai, Kanti [2002] "India's Strategic Culture," in Michael Chambers ed., *South Asia in 2020: Future Strategic Balances and Alliances,* Strategic Studies Institute.

——— [2005] "International Studies in India: Bringing Theory (Back) Home," in Kanti Bajpai and Siddharth Mallavarapu eds., *International Relations in India: Bringing Theory Back Home,* Orient Longman.

——— [2014] "Indian Grand Strategy: Six School of Thought," in Kanti Bajpai et.al. eds., *India's Grand Strategy: History, Theory, Cases,* Routledge.

——— [2015] "Five Approaches to the Study of Indian Foreign Policy," in David M. Malone et al. eds., *The Oxford Handbook of Indian Foreign Policy,* Oxford University Press.

Bandyopadhyay, Sandip [2000] "Millions Seeking Refuge: The Refugee Question in West Bengal: 1971," in Pradip Kumar Bose ed., *Refugees in West Bengal: Institutional Practices and Contested Identities,* Calcutta Research Group.

Basrur, Rajesh [2010] "India-Pakistan Relations: Between War and Peace," in Sumit Ganguly ed., *India's Foreign Policy: Retrospect and Prospect,* Oxford University

Press.
——— [2014] "Paradigm Shift: India during and after the Cold War," in Ian Hall ed., *The Engagement of India: Strategies and Responses,* Georgetown University Press.
Behera, Ajay Darshan [2002] "LTTE, Hurriyat & Self-determination," *The Hindu,* Sep.30 and Oct.1.
Behera, Navnita Chadha [2002] "Discourses on Security: A Contested Terrain," in Navnita Chadha Behera ed., *State, People and Security: The South Asian Context,* Har-Anand Publications.
——— [2006] *Demystifying Kashmir,* Brookings.
——— [2007] "Re-imaging IR in India," *International Relations of the Asia-Pacific,* 7.
——— [2008] "International Relations in South Asia: State of the Art," in Navnita Chadha Behera ed., *International Relations in South Asia: Search for an Alternative Paradigm,* Sage.
Bhatia, Rajiv K and Vijay Sakhuja eds. [2014] *Indo-Pacific Region: Political and Strategic Prospects,* VIJ Books.
Bhattacharjee, Joyeeta [2016] "India and Bangladesh Need to Bring the Teesta out of Muddled Waters," *Hindustan Times,* Dec.10.
Bisht, Medha, [2010] "India-Bhutan Relations: From Developmental Cooperation to Strategic Partnership," *Strategic Analysis,* 34(3).
BJP [2014] *Election Manifesto* 2014.
Blarel, Nicolas [2017] "Inside Out? Assessing the Domestic Determinants of India's External Behaviour," in Mischa Hansel et al. eds., *Theorizing Indian Foreign Policy,* Routledge.
Bozeman, Adda B. [1960] *Politics and Culture in International History,* Princeton University Press.
——— [1971] *The Future of Law in a Multicultural World,* Princeton University Press.
Brands, H.W. [1986] "India and Pakistan in American Strategic Planning, 1947–54: The Commonwealth as Collaborator," *The Journal of Imperial and Commonwealth History,* 15(1).
Brewster, David [2014] *India's Ocean: The Story of India's Bid for Regional Leadership,*

Routledge.
——— [2018] "A Contest of Status and Legitimacy in the Indian Ocean," in David Brewster ed., *India and China at Sea: Competition for Naval Dominance in the Indian Ocean,* Oxford University Press.
Brewster, David and Ranjit Rai [2011] "Flowers are Blooming: The Story of the India Navy's Secret Operation in the Seychelles," *The Naval Review,* 99(1).
——— [2013] "Operation Lal Dora: India's Aborted Military Intervention in Mauritius," *Asian Security,* 9(1).
Butalia, Urvashi [1998] *The Other Side of Silence: Voices from the Partition of India,* Viking.（藤岡恵美子訳 [2002]『沈黙の向こう側――インド・パキスタン分離独立と引き裂かれた人々の声』明石書店）。
Buzan, Barry [1983] *People, States, and Fear: The National Security Problem in International Relations,* Harvester Press.
Carlucci, Frank, Robert Hunter, and Zalmay Khalilzad, co-chairs [2001] *Taking Charge: A Bipartisan Report to the President-Elect on Foreign Policy and National Security: Transition 2001,* RAND.
Chacko, Priya [2012a] *Indian Foreign Policy: The Politics of Postcolonial Identity from 1947 to 2004,* Routledge.
——— [2012b] "India and the Indo-Pacific: An Emerging Regional Vision," *Indo-Pacific Governance Research Center Policy Brief,* 5.
Chadda, Maya [1997] *Ethnicity, Security, and Separatism in India,* Columbia University Press.
Chellaney, Brahma [2006] *Asian Juggernaut: The Rise of China, India and Japan,* HarperCollins Publishers.
Choedon, Yeshi [2007] "India's Perspective on the UN Security Council Reform," *India Quarterly: A Journal of International Affairs,* 63(4).
Chowdhury, Iftekhar Ahmed [2013] "India's Role in 1971 Bangladesh War: Determinants of Future Ties," *ISAS Working Paper,* 171.
CIA (Central Intelligence Agency) [1971] "Implications of an Indian Victory over Pakistan," Dec. 9 (https://www.cia.gov/library/readingroom/docs/CIA-RDP79R00967A000400020005-1.pdf).
Clinton, Hillary [2011] "America's Pacific Century :The Future of Geopolitics Will Be Decided in Asia, Not in Afghanistan or Iraq and the United States Should Be

the Right at the Center of the Action," *Foreign Policy,* 189.

Cohen, Stephen P. [2001] *India: Emerging Power,* Oxford University Press.（堀本武功訳 [2003]『アメリカはなぜインドに注目するのか――台頭する大国インド』明石書店）。

Cohen, Stephen P. and Sunil Dasgupta [2010] *Arming without Aiming: India's Military Modernization,* Brookings.

Datta-Ray, Deep. K. [2015] *The Making of Indian Diplomacy: A Critique of Eurocentrism,* Oxford University Press.

Deshingkar, Giri [1998] "Strategic Thinking in Ancient India and China: Kautilya and Sunzi,"in Tan Chung ed., *Across the Himalayan Gap: An Indian Quest for Understanding China,* Gyan Publishing House.

Destradi, Sandra [2012a] "India and Sri Lanka's Civil War: The Failure of Regional Conflict Management in South Asia," *Asian Survey,* 52(3).

――― [2012b] *Indian Foreign and Security Policy in South Asia: Regional Power Strategies,* Routledge.

――― [2014] "Domestic Politics and Regional Hegemony: India's Approach to Sri Lanka," *E-International Relations* (https://www.e-ir.info/pdf/45624).

Dixit, J.N. [1989] "IPKF in Sri Lanka," *USI Journal,* 119.

――― [1998a] *Across Borders: Fifty Years of India's Foreign Policy,* Picus Books.

――― [1998b] *Assignment Colombo,* Konark Publishers.

――― [1999] *Liberation and Beyond: Indo-Bangladesh Relations,* Konark Publishers.

――― [2001] *India's Foreign Policy and Its Neighbours,* Gyan Publishing House.

――― [2003] *India's Foreign Policy 1947-2003,* Picus Books.

Evans, Graham and Jeffrey Newnham [1998] *The Penguin Dictionary of International Relations,* Penguin Books.

FNSR Group of Experts [2011] "India's Strategic Partners: A Comparative Assessment," Foundation for National Security Research (http://www.fnsr.org/files/Indias_Strategic.pdf).

Gandhi, Indira [1968] "Non-Proliferation Treaty," From Lok Sabha Debate on Foreign Affairs, April 5 (http://meaindia.nic.in/cdgeneva/?pdf0593?000).

――― [1973] *Selected Speeches of Indira Gandhi: January 1966- August 1969: The Years of Challenge,* Revised Edition, Publications Division, Ministry of

Information and Broadcasting.

——— [1975] *Selected Speeches of Indira Gandhi: August 1969- August 1972: The Years of Endeavour,* Publications Division, Ministry of Information and Broadcasting.

——— [1983a] "2nd Raúl Prebisch Lecture, Peace and Development," June 8 (https://unctad.org/en/Docs/prebisch2nd_gandhi_en.pdf).

——— [1983b] "Disarmament and Development," From Speech at Inauguration at the Seventh Conference of State or Government of Non-Aligned Countries, New Delhi, March 7 (http://meaindia.nic.in/cdgeneva/?pdf0590?000).

——— [1983c] "Keynote Address," 7th Summit Conference of Heads of State or Government of the Non-Aligned Movement, New Delhi, March 7 (http://cns.miis.edu/nam/documents/Official_Document/7th_Summit_FD_New_Delhi_Declaration_1983_Whole.pdf).

Gandhi. Rajiv [1989] *Selected Speeches and Writings Volume 3, 1st January 1987-31 December 1987,* Publications Division, Ministry of Information and Broadcasting.

Ganguly, Sumit [2003] "India's Foreign Policy Grows Up," *World Policy Journal,* 20(4).

——— [2006] "Will Kashmir Stop India's Rise?" *Foreign Affairs,* 85(4).

——— [2017] "Has Modi Truly Changed India's Foreign Policy?" *The Washington Quarterly,* 40(2).

Ganguly, Sumit and Manjeet S. Pardesi [2009], "Explaining Sixty Years of India's Foreign Policy," *India Review,* 8(1).

Ghosh, Partha S. [2017] *BJP and the Evolution of Hindu Nationalism: Savarkar to Vajpayee to Modi (Enlarged Edition),* Manohar.

Ghose, Sagarika [2017] *Indira: India's Most Powerful Prime Minister,* Juggernaut Books.

Gilboy, George J. and Eric Heginbotham [2013] "Double Trouble: A Realist View of Chinese and Indian Power," *The Washington Quarterly,* 36(3).

Gujral, I.K. [1996] "Foreign Policy Objectives of India's United Front Government," Address by Mr. I.K. Gujral, External Affairs Minister, at Chatham House, London, Sep. 23 (http://ik.gujral.tripod.com/sp1.htm).

——— [1997] "Text of 'Aspects of India's Foreign Policy,' A speech at the Bandaranaike Center for International Studies in Colombo, Sri Lanka," Jan. 20 (https://www.stimson.org/1997/the-gujral-doctrine/).

——— [1998] *A Foreign Policy for India,* Ministry of External Affairs.

Gupta, Arvind and Sarita Azad [2011] "Evaluating India's Strategic Partnership Using Analytic Hierarchy Process," (http://www.idsa.in/idsacomments/EvaluatingIndiasStrategicPartnershipsusingAnalyticHierarchyProcess_agupta_170911).

Gupta, Rukmani [2011], "India Puts the Indo in 'Indo-Pacific'," *Asia Times,* Dec.2.

Gupta, Shekhar [2012] "Close Shave: How India Averted Maldives Coup in 1988," India Today Online, Feb. 8. (https://www.indiatoday.in/world/neighbours/story/maldives-president-coup-india-92557-2012-02-09).

Hall, Ian [2019] *Modi and the Reinvention of Indian Foreign Policy,* Bristol University Press.

Hall, Ian ed., [2014] *The Engagement of India: Strategies and Responses,* Georgetown University Press.

Happymon, Jacob [2019] *Line on Fire: Ceasefire Violations and India-Pakistan Escalation Dynamics,* Oxford University Press.

——— [2020] "Scoring a Foreign Policy Self-Goal," *The Hindu, Jan.* 6.

Horimoto, Takenori [2017] "Explaining India's Foreign Policy: From Dream to Realization of Major Power," *International Relations of the Asia-Pacific,* 17.

Hossain, Ishtiaq [1998] "Bangladesh-India Relations: The Ganges Water-Sharing Treaty and Beyond," *Asian Affairs: An American Review,* 25(3).

India Today [2019] "Mission Shakti: Read PM Narendra Modi's Full Speech Announcing How India Took Down Satellite," March 27 (https://www.indiatoday.in/india/story/mission-shakti-narendra-modi-full-speech-1487838-2019-03-27).

Ito, Toru [2013] "'China Threat' Theory in Indo-Japan Relations," in Takenori Horimoto and Lalima Varma eds., *India-Japan Relations in Emerging Asia,* Manohar.

——— [2015] "India's Pragmatic Diplomacy with Major Powers: A Comparative Study of the Strategic Partnership with the US, China, and Russia," in Shinichiro Tabata ed., *Eurasia's Regional Powers Compared: China, India, Russia,* Routledge.

Jayapalan, N. [2001] *Foreign Policy of India,* Atlantic Publishers and Distributors.

Joshi, Yogesh [2019] "Whither Non-Alignment? Indian Ocean Zone of Peace and New Delhi's Selective Alignment with Great Powers during the Cold War, 1964–1979," *Diplomacy & Statecraft,* 30(1).

Kangle, R.P. [1969] *The Kautilya Arthashastra, Part* Ⅰ *and Part* Ⅱ*, 2nd ed.,* University of Bombay.

Kaplan, Robert. D. [2009] "Center Stage for the Twenty-first Century: Power Plays in the Indian Ocean," *Foreign Affairs,* 88(2).

Kapur, Harish [2009] *Foreign Policies of India's Prime Ministers,* Lancer Publishers.

Karnad, Bharat [2015] *Why India Is Not a Great Power (Yet),* Oxford University Press.

Kaur, Kulwant [2002] "Ethnic Conflict in Sri Lanka: The Kin-State Response," in Gurnam Singh ed. *Ethno-Nationalism and the Emerging World (Dis)Order,* Kanishka Publishers.

Khilnani, Sunil, Rajiv Kumar, Pratap Bhanu Mehta, Lt. Gen. (Retd.) Prakash Menon, Nandan Nilekani, Srinath Raghavan, Shyam Saran and Siddharth Varadarajan [2012], *Nonalignment 2.0: A Foreign and Strategic Policy for India in the Twenty First Century,* Centre for Policy Research.

Khurana, Gurpreet S. [2019] "India as a Challenge to China's Belt and Road Initiative," *Asia Policy,* 14(2).

Kissinger, Henry A. [1979] *White House Years,* Little, Brown & Company.（桃井眞監修、斎藤彌三郎・小林正文・大朏人一・鈴木康雄訳 [1980]『キッシンジャー秘録　第3巻　北京へ飛ぶ』小学館）。

Kothari, Rajni [1970] *Politics in India,* Orient Longman.

Krishna, S. [1999] *Postcolonial Insecurities: India, Sri Lanka, and the Question of Nationhood,* University of Minnesota Press.

Kumar, Suneel [2020] "China's Revisionism versus India's Status Quoism: Strategies and Counter-Strategies of Rivals in Doklam Standoff," *Jadavpur Journal of International Relations,* 24(1).

Liu, Zongyi [2014] "Modi Ready to Do Business with China," *Global Times,* May 19 (Online)(http://www.globaltimes.cn/content/861112.shtml).

Lok Sabha [2000] *The Journal of Parliamentary Information,* 46(2).

Madan, Tanvi [2019] "The U.S., India and the Indo-Pacific," *Seminar,* 715.

Mahajan Sneh [2015] "The Foreign Policy of the Raj and Its Legacy," in David M.

Malone et al. eds., *The Oxford Handbook of Indian Foreign Policy,* Oxford University Press.

Malik, V.P. [2006] *Kargil: From Surprise to Victory,* HarperCollins Publishers.

Malone, David M [2011] *Does the Elephant Dance? :Contemporary Indian Foreign Policy,* Oxford University Press.

Mansingh, Durjit [2015] "Indira Gandhi's Foreign Policy," in David M. Malone et al. eds., *The Oxford Handbook of Indian Foreign Policy,* Oxford University Press.

Mattoo, Amitabh [2007] "India-Pakistan Relations: Towards a Grand Reconciliation," in Amitabh Mattoo, Kapil Kak and H. Jacob, eds., *India and Pakistan: The Pathways Ahead,* Knowledge World.

Maxwell, Neville [1970] *India's China War,* Jonathan Cape.（前田寿夫訳 [1972]『中印国境紛争――その背景と今後』時事通信社）。

MEA (Ministry of External Affairs, India) [1987] "Indo-Lanka Accord," Colombo, July 29 (https://www.mea.gov.in/Portal/LegalTreatiesDoc/LK87B1078.pdf).

――― [2004] "Next Steps in Strategic Partnership with USA" - Statement by Prime Minister Shri Atal Bihari Vajpayee Jan. 13 (https://www.mea.gov.in/Speeches-Statements.htm?dtl/2956/Next_Steps_in_Strategic_Partnership_with_USA__Statement_by_Prime_Minister_Shri_Atal_Bihari_Vajpayee).

――― [2005] "Joint Statement of the Republic of India and the People's Republic of China," April 11 (https://www.mea.gov.in/bilateral-documents.htm?dtl/6577/Joint_Statement_of_the_Republic_of_India_and_the_Peoples_Republic_of_China).

――― [2007a] "PM's Statement in the Lok Sabha on Civil Nuclear Energy Cooperation with the United States," August 13 (https://www.mea.gov.in/Speeches-Statements.htm?dtl/1924/PMs+statement+in+the+Lok+Sabha+on+Civil+Nuclear+Energy+Cooperation+with+the+United+States).

――― [2007b] "Address by Prime Minister Dr. Manmohan Singh to the 14th SAARC Summit," April 3 (https://www.mea.gov.in/Speeches-Statements.htm?dtl/1852/Address).

――― [2007c] "Joint Communiqué on the Results of the Trilateral Meeting of the Foreign Ministers of India, Russia and China," Feb. 14 (https://mea.gov.in/bilateral-documents.htm?dtl/2284/Joint+Communiqu+on+the+results+of+the+trilateral+meeting+of+the+Foreign+Ministers+of+India+Russia

+and+China).

——— [2008a] "Statement by External Affairs Minister of India Shri Pranab Mukherjee on the Civil Nuclear Initiative," September 05, (https://www.mea.gov.in/Speeches-Statements.htm?dtl/1692/Statement_by_External_Affairs_Minister_of_India_Shri_Pranab_Mukherjee_on_the_Civil_Nuclear_Initiative).

——— [2008b] "On the Summoning of the Sri Lankan Deputy High Commissioner by the National Security Adviser," Oct. 6 (https://mea.gov.in/press-releases.htm?dtl/1799/On+the+summoning+of+the+Sri+Lankan+Deputy+High+Commissioner+by+the+National+Security+Adviser).

——— [2008c] "A Shared Vision for the 21st Century of the Republic of India and the People's Republic of China," Jan. 14 (https://mea.gov.in/outoging-visit-detail.htm?5145/A+Shared+Vision+for+the+21st+Century+of+the+Republic+of+India+and+the+Peoples+Republic+of+China).

——— [2010] "Joint Communiqué Issued on the Occasion of the Visit to India of Her Excellency Sheikh Hasina, Prime Minister of Bangladesh," Jan. 12 (https://mea.gov.in/bilateral-documents.htm?dtl/3452/Joint+Communiqu+issued+on+the+occasion+of+the+visit+to+India+of+Her+Excellency+Sheikh+Hasina+Prime+Minister+of+Bangladesh).

——— [2015] "Inaugural U.S.-India-Japan Trilateral Ministerial Dialogue in New York," Sep. 30 (https://www.mea.gov.in/press-releases.htm?dtl/25868/Inaugural_USIndiaJapan_Trilateral_Ministerial_Dialogue_in_New_York).

——— [2016] "India-US Joint Statement during the Visit of Prime Minister to USA (The United States and India: Enduring Global Partners in the 21st Century)," June 7 (https://www.mea.gov.in/bilateral-documents.htm?dtl/26879/IndiaUS_Joint_Statement_during_the_visit_of_Prime_Minister_to_USA_The_United_States_and_India_Enduring_Global_Partners_in_the_21st_Century).

——— [2017] "Official Spokesperson's Response to a Query on Participation of India in OBOR/BRI Forum," May 13 (https://www.mea.gov.in/media-briefings.htm?dtl/28463/).

——— [2018] "Prime Minister's Keynote Address at Shangri La Dialogue," June 1 (https://www.mea.gov.in/Speeches-Statements.htm?dtl/29943/Prime+Mi

nisters+Keynote+Address+at+Shangri+La+Dialogue+June+01+2018).

——— [2019] "EAM's interview to Der Spiegel," Nov. 19 (https://mea.gov.in/interviews.htm?dtl/32052/EAMs_interview_to_Der_Spiegel).

Mehta, V.R. [1996] *Foundations of Indian Political Thought: An Interpretation,* Manohar.

Menon, Shivshankar [2009] "Hostile Relations: India's Pakistan Dilemma," *Harvard International Review,* 31(3).

——— [2010] "Speech by NSA Shri Shivshankar Menon at NDC on 'The Role of Force in Strategic Affairs'," Oct. 21 (https://www.mea.gov.in/Speeches-Statements.htm?dtl/798/Speech+by+NSA+Shri+Shivshankar+Menon+at+NDC+on+The+Role+of+Force+in+Strategic+Affairs).

——— [2012] "Speaking Notes at Workshop on Kautilya - Kautilya Today," Oct. 18 (https://idsa.in/keyspeeches/ShivshankarMenon_KautilyaToday).

Miller, Manjari Chatterjee [2013] "India's Feeble Foreign Policy: A Would-Be Great Power Resists Its Own Rise," *Foreign Policy,* 92(3).

Modelski, George [1964] "Kautilya: Foreign Policy and International System in the Ancient Hindu World," *The American Political Science Review,* 58(3).

Modi, Narendra [2014] "Text of Prime Minister Shri Narendra Modi's Keynote Address at the Luncheon Hosted by Nippon Kiedanren – the Japanese Chamber of Commerce and Industry and the Japan-India Business Cooperation Committee," Sep. 1 (https://www.narendramodi.in/ka/text-of-prime-minister-shri-narendra-modis-keynote-address-at-the-luncheon-hosted-by-nippon-kiedanren-the-japanese-chamber-of-commerce-and-industry-and-the-japan-india-business-coop-2855).

Mohan, C. Raja [2002a] "India and the U.S.-European Divide," *The Hindu*, Sep. 26.

——— [2002b] "Is the United Nations Relevant?," *The Hindu*, Oct.24.

——— [2003] *Crossing the Rubicon: The Shaping of India's New Foreign Policy,* Viking.

——— [2008] "India's Great Power Burdens" *Seminar,* 581.

——— [2011] "Looking beyond Malacca," *The Indian Express,* Oct.11.

——— [2012] *Samudra Manthan: Sino-Indian Rivalry in the Indo-Pacific,* Carnegie Endowment for Int'l Peace.

——— [2015a] "Modi's American Engagement," *Seminar,* 668.
——— [2015b] *Modi's World: Expanding India's Sphere of Influence,* HarperCollins Publishers.
——— [2015c] "Foreign Policy after 1990: Transformation through Incremental Adaptation," in David M. Malone et al., eds., *The Oxford Handbook of Indian Foreign Policy,* Oxford University Press.
——— [2015d] "Raja-Mandala: A New Way to Act East," *The Indian Express,* Dec. 15.
——— [2017] "Raja Mandala: The Politics of Integrity," *Indian Express,* May 16.
Mohan, C. Raja and Alyssa Ayres [2009] "Situating the Realignment," in Alyssa Ayres and C. Raja Mohan eds., *Power Realignments in Asia: China, India, and the United States,* Sage.
Muni, S.D. [1993] *Pangs of Proximity: India and Sri Lanka's Ethnic Crisis,* Sage.
——— [2009] *India's Foreign Policy: The Democracy Dimension,* Cambridge University Press.
——— [2017] "With the Left Alliance Now Dominant in Nepal, India Must Reach Out with Positive Agenda," *The Wire,* 16 Dec. (https://thewire.in/external-affairs/nepal-left-alliance-uml).
Musharraf, Pervez [2006] *In the Line of Fire: A Memoir,* Simon & Schuster.
Naidu, G.V.C. [2011] *From 'Looking' to Engaging: India and East Asia,* Institut Français des Relations Internationales.
Nayan, Rajiv [2012] "The NPT and India: Accommodating the Exception," in Rajiv Nayan ed., *The Nuclear Non-Proliferation Treaty and India,* Routledge.
Nayar, Baldev Raj and T.V. Paul [2004], "Major-Power Status in the Modern World: India in Comparative Perspective," in Baldev Raj Nayar and T.V. Paul eds., *India in the World Order: Searching for Major-Power Status,* New Delhi Foundation Books and Cambridge University Press.
Nehru, Jawaharlal [1949] *Jawaharlal Nehru's Speeches Volume1, September 1946-May 1949,* Ministry of Information and Broadcasting.
——— [1954] *Jawaharlal Nehru's Speeches Volume2, August 1949 - February 1953,* Ministry of Information and Broadcasting.
——— [1958] *Jawaharlal Nehru's Speeches Volume3, March 1953 - August 1957,* Ministry of Information and Broadcasting.

——— [1961] *India's Foreign Policy,* Ministry of Information and Broadcasting.

——— [1964] *Jawaharlal Nehru's Speeches Volume4, September 1957 - April 1963,* Ministry of Information and Broadcasting.

——— [1968] *Jawaharlal Nehru's Speeches Volume5, 1963 - 1964,* Ministry of Information and Broadcasting.

Ogden, Chris [2011] "International 'Aspirations' of a Rising Power," in David Scott ed., *Handbook of India's International Relations*, Routledge.

Ollapally, Deepa M. [2010] "The Evolution of India's Relations with Russia: Tried, Tested, and Searching for Balance," in Sumit Ganguly ed., *India's Foreign Policy: Retrospect and Prospect,* Oxford University Press.

Panda, Jagannath P. [2014] "China's Tryst with the IORA: Factoring India and the Indian Ocean," *Strategic Analysis,* 38(5).

Pant, Harsh V. [2008] *Contemporary Debates in Indian Foreign and Security Policy: India Negotiates its Rise in the International System,* Palgrave Macmillan.

——— [2009] "The US-India Nuclear Pact: Policy, Process, and Great Power Politics," *Asian Security,* 5(3).

——— [2010] "India-Japan Relations: A Slow, But Steady, Transformation," in Sumit Ganguly ed., *India's Foreign Policy: Retrospect and Prospect,* Oxford University Press.

——— [2011a] "Indian Strategic Culture: The Debate and Its Consequences," in David Scott ed., *Handbook of India's International Relations,* Routledge.

——— [2011b] "India's Relations with China," in David Scott ed., *Handbook of India's International Relations,* Routledge.

——— [2014] "Sino-Indian Maritime Ambitions Collide in the Indian Ocean," *Journal of Asian Security and International Affairs,* 1(2).

——— [2016] *Indian Foreign Policy: An Overview,* Manchester University Press.

Pattanaik, Smruti S. [2011] "India's Neighbourhood Policy: Perceptions from Bangladesh," *Strategic Analysis,* 35(1).

——— [2012] "A Wake Up Call for Sri Lanka at the UNHRC," *IDSA Comment* (https://idsa.in/idsacomments/AWakeupCallforSriLankaattheUNHRC_sspattanaik_090412).

Paul, T.V. [2006] "Why Has the India-Pakistan Rivalry Been so Enduring? Power Asymmetry and an Intractable Conflict," *Security Studies,* 15(4).

——— [2010] "State Capacity and South Asia's Perennial Insecurity Problems," in T.V. Paul ed., *South Asia's Weak States: Understanding the Regional Insecurity Predicament,* Oxford University Press.

——— [2019] "Explaining Conflict and Cooperation in the China-India Rivalry," in T.V. Paul ed., *The China-India Rivalry in the Globalization Era,* Orient Blackswan.

PMINDIA [2014] "English Rendering of the PM's Opening Statement at the India-ASEAN Summit," Nov. 12 (https://www.pmindia.gov.in/en/news_updates/english-rendering-of-the-pms-opening-statement-at-the-india-asean-summit/).

——— [2019] "PM's Statement on Terror Attack in Pulwama," Feb. 15 (https://www.pmindia.gov.in/en/news_updates/pms-statement-on-terror-attack-in-pulwama/).

Raghavan, Srinath [2013] *1971: A Global History of the Creation of Bangladesh,* Harvard University Press.

Raghavan, V.R. [1998] "India-China Relations: A Military Perspective,"in Tan Chung ed., *Across the Himalayan Gap: An Indian Quest for Understanding China,* Gyan Publishing House.

Rajan, M.S. [1973] "India, and the Making of the UN Charter", *International Studies,* 12(3).

Rajya Sabha [2012] "Parliamentary Debates Official Report," March 14 (http://164.100.47.5/Official_Debate_Nhindi/Floor/225/F14.03.2012.pdf).

Ramesh, Jairam [2018] *Intertwined Lives: P.N. Haksar and Indira Gandhi,* Simon & Schuster India.

Rangarajan, L.N. [1992] *Kautilya: The Arthashastra,* Penguin Books.

Rao, Nirupama [2011] "Transcript of Foreign Secretary Smt. Nirupama Rao's Speech at the French Institute of International Relations (IFRI), Paris" May 5 (https://www.mea.gov.in/Speeches-Statements.htm?dtl/359/Transcript+of+Foreign+Secretary+Smt+Nirupama+Raos+speech+at+the+French+Institute+of+International+Relations+IFRI+Paris).

Rao, P.V. Narasimha [1995] *P.V. Narasimha Rao, Selected Speeches: Volume IV July 1994 - June 1995,* Ministry of Information and Broadcasting.

Reddy, Sujatha [2004] *Laws of Kautilya Arthashastra,* Kanishka Publishers, Distributors.

Riedel, Bruce [2002] *American Diplomacy and the1999 Kargil Summit at Blair House,* Center for the Advanced Study of India.

RIS, ERIA and IDE-JETRO [2017] *Asia Africa Growth Corridor: Partnership for Sustainable and Innovative Development: A Vision Document* (https://www.eria.org/Asia-Africa-Growth-Corridor-Document.pdf).

Sachdeva, Gulshan [2006] "India's Attitude towards China's Growing Influence in Central Asia," *China and Eurasia Quarterly,* 4(3).

——— [2011] "India's Relations with Russia," in David Scott ed., *Handbook of India's International Relations,* Routledge.

Saint-Mézard, Isabelle [2006] *Eastward Bound: India's New Positioning in Asia,* Manohar.

Saran, Shyam [2017] *How India Sees the World: Kautilya to the 21st Century,* Juggernaut.

——— [2018] "Opting Out of RCEP May Push India on the Margins of Asia," *Hindustan Times,* Sep.5.

Sato, Hiroshi [2005] "India Japan Peace Treaty in Japan's Post War Asian Diplomacy," *Minamiajiakenkyu (Journal of Japanese Association for South Asian Studies),* 17.

Schofield, Victoria [2003] *Kashmir in Conflict: India, Pakistan and the Unending War,* I.B.Tauris.

Sen Gupta, Bhabani [1997] "India in the Twenty-First Century," *International Affairs,* 73(2).

Sibal, Kanwal [2012] "'Strategic' Relations Suit India," *India Today* (Online), Dec.26. (https://www.indiatoday.in/opinion/kanwal-sibal/story/strategic-relations-suit-india-india-today-125309-2012-12-26).

Siddiqa, Ayesha [2011] "Pakistan's Counterterrorism Strategy: Separating Friends from Enemies," *The Washington Quarterly,* 34(1).

Sikri, Veena [2009] "India-Bangladesh Relations: The Way Ahead," *India Quarterly,* 65(2).

Singer, Marshall R. [1992] "Sri Lanka's Tamil-Sinhalese Ethnic Conflict: Alternative Solutions," *Asian Survey,* 32(8).

Singh, Jaswant [1998] "Against Nuclear Apartheid," *Foreign Affairs,* 77(5).

Singh, Kavita [2015] "The Museum is National," in Saloni Mathur and Kavita Singh

eds., *No Touching, No Spitting, No Praying: The Museum in South Asia,* Routledge.

Singh, Mandip [2011] "The Proposed PLA Naval Base in Seychelles and India's Options," *IDSA Comment.* (https://idsa.in/idsacomments/TheProposedPLANavalBaseinSeychellesandIndiasOptions_msingh_151211).

Singh, Manmohan [2008] "PM Expresses Deep Concern on the Situation in North Sri Lanka," Oct. 18 (https://archivepmo.nic.in/drmanmohansingh/press-details.php?nodeid=815).

———— [2009] "PM's Statement in Lok Sabha on the Debate on the PM's Recent Visit's Abroad," July 29 (https://archivepmo.nic.in/drmanmohansingh/speech-details.php?nodeid=777).

———— [2012a] "PM's Reply in the Rajya Sabha Debate on the President's Address," March 20 (https://archivepmo.nic.in/drmanmohansingh/speech-details.php?nodeid=1146).

———— [2012b] "PM Writes to President Rajapaksa of Sri Lanka," March 24 (https://archivepmo.nic.in/drmanmohansingh/press-details.php?nodeid=1400).

Singh, K. Natwar [2014] *One Life Is Not Enough: An Autobiography,* Rupa Publications.

Singh, Zorawar Daulet [2019] *Power and Diplomacy: India's Foreign Policies during the Cold War,* Oxford University Press.

Sinha, Shakti [2019] "Indian Strategic Thought," in Dhruv C Katoch ed., *India's Foreign Policy: Towards Resurgence,* Pentagon Press.

Smith, Chris [1999] "South Asia's Enduring War," in Robert I. Rotberg ed., *Creating Peace in Sri Lanka,* Brookings.

Smith, Niel A. [2010] "Understanding Sri Lanka's Defeat of the Tamil Tigers," *Joint Force Quarterly*, 59(4).

Sood, Vikram [2009] "India and Regional Security Interests," in Alyssa Ayres and C. Raja Mohan eds., *Power Realignments in Asia: China, India and the United States,* Sage.

Sood, V.K.and Pravin Sawhney [2003] Operation Parakram: *The War Unfinished,* Sage.

Subrahmanyam, K. [1971] "The Indian Response," *National Herald,* April 5.

——— [2005] *Shedding Shibboleths: India's Evolving Strategic Outlook,* Wordsmiths.

——— [2009] "What's Indispensable?" *The Indian Express,* Nov. 26.

Talbot, Strobe [2004] *Engaging India: Diplomacy, Democracy and the Bomb,* Brookings.

Tanham, George K. [1992] *Indian Strategic Thought: An Interpretive Essay,* RAND.

Tarapore, Arzan [2017] "India's Slow Emergence as a Regional Security Actor," *The Washington Quarterly,* 40(2).

Tellis, Ashley, J. [2008] "The Merits of Dehyphenation: Explaining U.S. Success in Engaging India and Pakistan," *The Washington Quarterly,* 31(4).

——— [2012] *Nonalignment Redux: The Perils of Old Wine in New Skins,* Carnegie Endowment for International Peace.

Ubaidulloev, Zubaidullo [2011] "Jawaharlal Nehru's Asianism and Japan," *Journal of International and Advanced Japanese Studies,* 3.

Umer, Khalid [2004]"Development of Indian Political Thought Part Ⅰ," *The News,* Feb.28.

UNGA (United Nations General Assembly) [1983] "Thirty-Eighth Session, Official Records, 9th Plenary Meeting," Sep. 28 (https://undocs.org/en/A/38/PV.9).

——— [1990] "Forty-Fifth Session, Provisional Verbatim Record of the Thirteenth Meeting," Sep. 28 (https://undocs.org/en/A/45/PV.13).

——— [1994] "Forty-Ninth Session, Official Records, 14th Meeting," Oct. 3 (https://undocs.org/en/A/49/PV.14).

——— [1997] "Fifty-Second Session, Official Records, 9th Plenary Meeting," Sep. 24(https://undocs.org/en/A/52/PV.9).

Upreti, B.C. [2009] "India's Policy towards Its South Asian Neighbours: Constraints, Impediments and Perspectives," in Rajan Harshe and K.M. Seethi eds., *Engaging with the World: Critical Reflections on India's Foreign Policy,* Orient Blackswan.

USCIRF (United States Commission on International Religious Freedom) [2020] *Annual Report 2020* (https://www.uscirf.gov/sites/default/files/USCIRF%20 2020%20Annual%20Report_Final_42920.pdf).

Vajpayee, Atal Bihari [2000] "Address by Shri Atal Bihari Vajpayee, Prime Minister of India at the Millennium Summit of the United Nations New York," Sep. 8, 2000 (https://www.pminewyork.gov.in/pdf/uploadpdf/11969lms50.pdf).

——— [2002a] "Prime Minister Shri Atal Bihari Vajpayee's Address to 57th Session of United Nations General Assembly," Sep. 13 (https://archivepmo.nic.in/abv/speech-details.php?nodeid=9126).

——— [2002b] "Speech of Prime Minister Shri Atal Bihari Vajpayee at the High Level Segment of the Eighth Session of Conference of the Parties to the UN Framework Convention on Climate Change," Oct. 30 (https://archivepmo.nic.in/abv/speech-details.php?nodeid=9066).

Wilson, A. Jeyaratnam [1988] *The Break-up of Sri Lanka: The Sinhalese-Tamil Conflict,* C.Hurst & Company.

Xavier, Constantino [2019] "Modi's Middle Way," *The ASAN Forum,* Aug. 28 (http://www.theasanforum.org/modis-middle-way/).

伊藤　融（いとう とおる）
防衛大学校人文社会科学群国際関係学科准教授。1969 年生まれ。
中央大学大学院法学研究科政治学専攻博士課程後期単位取得退学、法学修士。
在インド日本国大使館専門調査員、島根大学法文学部准教授等を経て 2009 年から現職。
専門領域：国際政治学、インドを中心とした南アジアの外交・安全保障
主要業績：
『軍事大国化するインド』（共著、亜紀書房、2010 年）
『現代南アジアの政治』（共著、放送大学教育振興会、2012 年）
Eurasia's Regional Powers Compared: China, India, Russia（共著、Routledge, 2015）
『現代日印関係入門』（共著、東京大学出版会、2017 年）

新興大国インドの行動原理
――独自リアリズム外交のゆくえ

2020 年 9 月 22 日　初版第 1 刷発行

著　者――――伊藤　融
発行者――――依田俊之
発行所――――慶應義塾大学出版会株式会社
〒108-8346　東京都港区三田 2-19-30
TEL〔編集部〕03-3451-0931
〔営業部〕03-3451-3584〈ご注文〉
〔　〃　〕03-3451-6926
FAX〔営業部〕03-3451-3122
振替 00190-8-155497
http://www.keio-up.co.jp/
装　丁――――鈴木　衛
印刷・製本――中央精版印刷株式会社
カバー印刷――株式会社太平印刷社

Printed in Japan　ISBN 978-4-7664-2695-3